ThéoTEX
Site internet : theotex.org
Courriel : theotex@gmail.com

Couverture : Tableau de Everett Millais (1829-1896), représentant Margaret Wilson (1667-1685), enchaînée à un poteau, avant d'être noyée par la marée montante (voir le conte n° 3, *les deux Marguerites*). Image Wikicommons.

© 2022, Ruben Saillens
Édition : BoD – Books on Demand,
12/14 rond-point des Champs-Élysées, 75008 Paris
Impression : BoD - Books on Demand,
Norderstedt, Allemagne
ISBN: 978-2-322-40174-1
Dépôt légal : Janvier 2022

Contes du Dimanche

Ruben Saillens

1904

ThéoTEX
— 2012 —

Notice sur Ruben Saillens

Ruben Saillens (1855-1942) appartient au patrimoine du baptisme français, en tant qu'orateur marquant de son époque, évangéliste des classes populaires, homme de *réveil*, fondateur de l'Institut Biblique de Nogent. Il fut d'ailleurs une fois surnommé le *Spurgeon français*, par allusion au plus célèbre des prédicateurs baptistes anglais de l'époque victorienne. Cependant, tandis qu'environ un millier des sermons de Spurgeon sont encore lus et étudiés aujourd'hui comme modèles du genre, ceux du baptiste français sont introuvables. C'est que Ruben Saillens est avant tout un chantre, un poète, plutôt qu'un expositeur des Ecritures : il a composé ou traduit des centaines de cantiques, abondamment chantés dans les églises évangéliques françaises tout au long du 20me siècle. Batteries et guitares électriques étant maintenant de rigueur sur l'estrade, les vers du poète risquent de tomber rapidement dans l'oubli, ce qui est un grand dommage, car ils recèlent toute une richesse théologique absente de la plupart des litanies mielleuses ou insipides de nos recueils modernes. Que le lecteur prenne par exemple le temps de méditer les trois strophes suivante du cantique de Saillens intitulé Pour lui seul :

O Toi qui tiens le monde abrité sous ton aile,
Toi qu'un siècle révèle au siècle qui le suit,
Que pourraient ajouter à ta gloire éternelle,
Les chants d'un pèlerin qui marche dans la nuit ?

J'ose à peine chanter, mais j'ose moins encore
Me taire, ô Dieu d'amour qui me créas deux fois !
Reçois donc l'humble encens d'un pécheur qui t'adore
Depuis que son regard a rencontré la croix !

A Toi seul qui guéris, à Toi seul qui pardonnes,
Je consacre ma vie et mes chants ici-bas,
Et ne veux désormais te tresser des couronnes
Qu'avec des fleurs, ô Christ écloses sous tes pas !

Ruben Saillens a aussi rassemblé en deux recueils, les historiettes qu'il utilisait dans ses messages d'évangélisation pour illustrer une vérité biblique. Le premier, *Récits et allégories* parut en 1888 ; le second, ces *Contes du Dimanche* au titre évidemment calqué sur les *Contes du Lundi* de Daudet, que Saillens, lui-même provençal, devait certainement admirer. Certes, la prose de l'évangéliste n'égale pas le charme et la poésie de celle de l'illustre félibre, le style en est bien vieilli, mais elle vise plus haut que le simple divertissement. Comme les paraboles de l'Évangile, les contes du Dimanche ont été écrits pour éveiller chez le lecteur le désir de la vie éternelle, et pour en indiquer le seul chemin : Jésus-Christ.

Lorient, 27 avril 2012
C. R.

Préface

Les choses visibles sont le reflet des invisibles. Nulle idée ne s'exprime sans une image ; le langage lui-même n'est qu'une série de comparaisons, comme le prouve l'étymologie. L'abstraction nous échapperait toujours, si la forme ne venait à notre aide. N'a-t-il pas fallu que le Verbe éternel prît une forme corporelle et parlât notre langage, afin de se rendre sensible à nous ?

Les prédicateurs de l'Évangile ont donc le devoir, à l'exemple de leur Maître, de rendre accessible la vérité par toutes les images et les similitudes que leur offrent la nature, l'histoire, l'ensemble des choses visibles. Il y a des analogies qui ne sont pas fortuites : car les lois de Dieu, dans tous les domaines, sont identiques à elles-mêmes. « Comparaison n'est pas raison, » dit un vieux proverbe ; cet aphorisme serait à discuter. Une comparaison juste équivaut souvent à une démonstration rigoureuse.

En ces temps ou règne une fausse et étroite conception de la nature humaine, l'Imagination, comme une pauvre et charmante Cendrillon qu'elle est, cède le pas à ses doctes sœurs, et n'ose plus se montrer. Elle est pourtant fille du ciel, elle aussi, et ce que la Logique et la Critique découvrent après de longs labeurs, elle l'a souvent pressenti, et même exprimé, des années à l'avance !

Les morceaux qui composent ce volume, comme ceux du recueil qui a précédé celui-ci et auquel le public a bien voulu faire accueil [a], ont été « prêchés » à des auditoires populaires, avant d'être mis sous forme écrite. Ils ont pour unique sujet la Rédemption par Jésus-Christ. Quelles images seraient suffisantes, et quel langage faudrait-il pour raconter dignement l'ineffable mystère de la Croix et de la Résurrection ? Lecteur, mon but aura été atteint si la lecture de ces « Contes du Dimanche » vous conduit à relire le livre incomparable où Jésus-Christ parle Lui-même.

R. SAILLENS.

---

a. Récits et Allégories, 2e édition 1896, chez Delachaux -Niestlé, Neuchâtel.

1
Le pays enchanté

I

Deux jeunes garçons à peu près du même âge, orphelins tous les deux et engagés à bord du même navire en qualité de mousses, échappèrent par un hasard singulier au naufrage dans lequel tout l'équipage avait péri. Sur la rive où le flot les avait jetés, ils demeurèrent plusieurs heures sans connaissance, tandis que la mer furieuse, achevant son œuvre, mettait en pièces le navire et les embarcations de sauvetage.

Quand le jour parut, la tempête avait cessé, les vagues baisaient mollement le rivage, les deux enfants crurent avoir fait un mauvais rêve… Mais devant l'horrible réalité, ils poussèrent un cri d'effroi ; ce fut le premier son qui sortit de leurs lèvres sur cette terre inconnue.

Les petits naufragés s'embrassèrent en pleurant et, tournant le dos à la mer, considérèrent le pays où la Providence les avait conduits. Dès les premiers pas ils reconnurent qu'il était habité, et même que ses possesseurs étaient des gens civilisés, car devant eux se présentaient des chemins parfaitement entretenus, bordés de fleurs, ombragés d'arbres magnifiques, parmi lesquels il s'en trouvait dont les branches ployaient sous le poids de leurs fruits.

Bien qu'ils leur fussent inconnus, ces fruits les tentèrent, et d'ailleurs ils avaient faim. Jamais ils n'en avaient goûté d'aussi délicieux. Bientôt, enivrés des parfums pénétrants qu'exhalaient ces fleurs merveilleuses, fortifiés par le repas frugal qu'ils avaient fait, les enfants oublièrent un moment leur misère et leur isolement.

Cependant ils avaient beau avancer, ils ne rencontraient personne, ils ne voyaient aucune habitation, et déjà les ombres du soir s'allongeaient sur la campagne. Nos deux jeunes mousses ne craignaient pas de dormir en plein air, mais une larme perla sous leur paupière lorsque, à la lueur des premières étoiles, ils se virent seuls, abandonnés, sur une terre dont ils ne savaient pas le nom, chez des étrangers qu'ils n'avaient même pas entrevus. Pour tous ceux qui vivent près de la nature, l'approche de la nuit est toujours solennelle ; les deux enfants marchaient encore, mais n'osaient plus parler qu'à demi-voix, lorsque soudain, au bout d'une magnifique avenue de chênes, les fenêtres illuminées d'une grande maison brillèrent à leurs yeux.

Ils s'arrêtèrent, saisis en même temps de crainte et d'espérance. Comment les recevrait-on dans cette belle demeure ? Ils jetèrent un triste regard sur leurs pauvres habits de marins, tout déchirés par la pointe des rochers sur lesquels ils avaient été jetés la nuit précédente. Mais il n'y avait pas à hésiter, et d'ailleurs ils avaient pour eux ce qui rend toujours fort : l'innocence. Ils se dirigèrent donc vers le perron. A leur grande surprise, la porte était ouverte, et cependant on ne voyait âme qui vive aux alentours.

Ils entrèrent. Sur un très large vestibule s'ouvraient plusieurs pièces brillamment éclairées et meublées richement. La première était une salle à manger ; le couvert était mis pour deux convives, et sur la table étaient disposés des mets fort appétissants. Puis venaient des chambres à coucher avec d'excellents lits. Mais dans aucune des chambres dont ils ouvrirent les portes ils ne trouvèrent un hôte ou un domestique. Tout était vide et silencieux.

— Décidément, dit Yvon, l'aîné des deux mousses, nous sommes dans le pays des rêves. En tout cas, je pense que ce que nous avons de mieux à faire, c'est de souper d'abord, et de nous aller coucher ensuite. Demain matin, sans doute, tout ce mystère nous sera éclairci.

— Je n'y comprends rien non plus, dit Pornic et je suis trop fatigué pour réfléchir. Tu as raison : demain nous expliquera tout. Pour ce soir mangeons et dormons !

Nos deux héros se mirent à table et mangèrent comme… des naufragés. Tout ce qui était placé devant eux était simple, mais excellent. Leur repas achevé, ils allèrent se coucher, et on les aurait entendus rire d'aise tandis qu'ils allongeaient entre les beaux draps blancs leurs membres fatigués.

Ils dormirent sans souci, sans rêve d'aucune sorte, jusqu'au lendemain à midi.

En ouvrant les yeux ils eurent un moment de surprise et se rappelèrent les événements de la veille.

— Voilà qui est drôle ! dit Yvon ; les propriétaires doivent être levés à cette heure, et cependant ils nous laissent tranquilles dans cette chambre où nous sommes entrés comme des voleurs. Et leur souper que nous avons mangé sans leur permission !

— Ils vont sûrement nous chasser ! dit Pornic en regardant son bon lit avec un grand soupir.

Les deux garçons rentrèrent dans la salle à manger. Ils la trouvèrent en ordre ; les traces du précédent repas avaient disparu, et la table était servie de nouveau aussi abondamment que la veille ; mais d'habitant, pas le moindre indice. Ils recommencèrent leurs recherches, ils parcoururent la maison dans tous les sens, ils ouvrirent des portes qu'ils n'avaient pas encore aperçues, mais ce fut peine inutile ; ils ne virent personne. Ils sortirent ; les allées des jardins avaient été soigneusement ratissées. Après toute une journée d'exploration à travers le vaste domaine, Yvon et Pornic se retrouvèrent le soir dans la salle à manger, aussi bien pourvue, mais aussi silencieuse que jamais.

— Eh bien, dit Yvon, je n'aurais pas de peine à m'habituer à cette vie. Nos hôtes sont absents, tant mieux, pourvu que la table soit toujours mise ! Cela nous dispense de les remercier !

— Pourtant, dit Pornic, cet abandon n'est pas naturel. Le maître reviendra un jour dans son château ; peut-être se cache-t-il pour nous éprouver ?

— Hum ! j'aimerais autant qu'il ne vînt jamais marmotta Yvon.

— Je ne suis pas de ton avis, dit Pornic. Il me semble qu'il me manque quelque chose, tant que je n'ai pas remercié les braves gens qui nous hébergent ; d'ailleurs je sens bien que toutes ces belles choses ne sont pas faites pour nous seuls et que cette maison est vide, même quand nous y sommes, lorsque le maître n'y est pas.

— Ta, ta, ta, tu es bien sentimental à l'égard d'un homme que tu n'as jamais vu ! Quant à moi, je veux jouir paisiblement de ce que j'ai, sans m'inquiéter d'où cela vient.

II

Ainsi s'écoulèrent plusieurs jours dans un enchantement continuel, bien qu'à la longue un peu monotone. Rien ne manquait au bien-être de nos voyageurs. Yvon passait à table un peu plus de temps chaque jour, prolongeant à dessein les repas et le sommeil pour rendre ses journées plus courtes ; le reste du temps il courait tantôt seul, tantôt avec Pornic, à travers bois, à travers champs, à la poursuite de quelque gibier ou à la recherche des limites de ce domaine qui semblait n'en point avoir.

Quant à Pornic, sa mélancolie grandissait de jour en jour. Il mangeait peu, errait comme une âme en peine à la recherche du maître invisible.

Parfois il s'arrêtait comme si une voix avait frappé son oreille ; mais ce n'était qu'un leurre, et il reprenait sa marche plus découragé que jamais.

Son camarade se moquait de lui :

— Il n'y a point de propriétaire, te dis-je ; ce château est venu là comme chez nous les champignons…

— Ne parle pas ainsi, Yvon. Peut-être, à cet instant même, le maître est-il derrière quelque arbre, écoutant ce que nous disons.

— Ah ! ah ! ah ! en voilà un peureux ! Regarde, regarde !

Et l'espiègle tournait autour de tous les arbres voisins pour lui montrer qu'il n'avait aucune crainte.

— Tu vois bien qu'il n'est pas là !… Je te dis que tu es un grand niais. Ce domaine est à nous, puisque nous l'avons trouvé abandonné, et je défie qui que ce soit de nous le disputer. Après tout, il y a dans la nature des choses bien surprenantes. Qui sait si les savants ne sauraient pas nous expliquer comment cette maison s'est bâtie toute seule ?

— Tu es fou, Yvon. Non, jamais personne ne me persuadera qu'il n'y a pas autour de nous des êtres constamment occupés à nous servir !

— Eh bien, que ne se montrent-ils pas alors ? Au fait, je l'aime mieux ainsi : invisibles, ils ne nous gênent pas. Grand merci, messieurs les esprits !

Mais malgré les fanfaronnades de son compagnon, Pornic ne se lassait pas de chercher. Il avait plusieurs fois renoncé au sommeil, espérant surprendre ses bienfaiteurs mystérieux au milieu de la nuit, mais jamais il n'avait pu les voir. Dans une ou deux occasions seulement, il avait cru entendre au milieu des ténèbres des sons doux et harmonieux qui semblaient partir du centre de la maison. Alors, sautant hors du lit, il s'était dirigé du côté de ce bruit, le long des grands corridors, mais il s'était bientôt heurté aux murailles impénétrables et n'avait pu découvrir aucune porte dérobée. Les voix s'éteignaient à l'approche de l'aurore, et le jeune marin découragé regagnait sa chambre, où il ne pouvait plus trouver le sommeil. Lorsque, au matin, il racontait à Yvon ses impressions nocturnes, celui-ci se mettait à rire.

— Mais tu rêves, mon pauvre vieux, tu rêves ! je ne suis pas plus sourd que toi, et je t'assure que je n'entends jamais rien, moi, ni le jour, ni la nuit. Je t'avouerai bien, si ça peut te faire plaisir, que le silence est un peu lourd, et que je m'ennuie quelquefois, moi aussi… Mais bah ! j'en suis quitte pour rester plus longtemps à table. Les bons dîners empêchent les mauvais songes. Je ne vois rien de mieux à faire, et je ne désire en somme rien au delà.

— Tu es heureux, toi, répondit Pornic.

Et cependant pour rien au monde, Pornic n'eût consenti à échanger ses espérances et ses désirs contre la grossière satisfaction de son camarade.

III

Un jour, Yvon et Pornic arrivèrent par hasard dans une partie du domaine qu'ils n'avaient pas encore explorée. C'était un coin de terre montagneux, escarpé ; il y croissait des fleurs d'un éclat étrange et d'un parfum capiteux. Mais on n'y voyait aucun arbre fruitier ; aucun ruisseau n'y roulait ses flots limpides ; aucun oiseau n'y faisait entendre sa voix. Le paysage était à la fois séduisant et sauvage. Yvon s'applaudissait d'avoir découvert ce pays ; Pornic n'avançait qu'en hésitant ; il n'aimait pas à se sentir enveloppé, maîtrisé par les effluves de ces fleurs singulières ; la volupté même qu'il éprouvait lui causait une inexprimable souffrance. Cependant ils avançaient toujours.

Tout à coup une barrière se dressa devant eux, avec ces mots écrits sur un poteau :

Défense d'aller plus loin sous peine de mort.

Les explorateurs s'arrêtèrent.

— Tu vois bien, s'écria Pornic, que ce domaine a un maître ! Cet écriteau l'atteste comme tout ce que nous avons vu jusqu'ici !

Yvon, d'abord interloqué, releva la tête :

— Ce poteau est vieux, dit-il; on l'a placé là probablement lorsqu'on faisait quelques réparations à la route, et l'on aura oublié de l'enlever. Y a-t-il apparence qu'un sentier si uni mène à la mort? je n'en crois rien. D'ailleurs, regarde! vois-tu de l'autre côté de la barrière, ces fleurs, les plus belles que nous avons vues? Il y en a à foison, j'en veux au moins cueillir quelques-unes avant de m'en retourner. Et sur ce monticule, vois cet arbre aux beaux fruits d'or; nous en retournerions-nous sans en goûter un seul? Mais reste là si tu veux, puisque tu n'as pas le courage de me suivre!

Or, s'il y avait un point faible dans le caractère de notre ami Pornic, c'était la crainte de paraître lâche; il avait cela de commun avec beaucoup de jeunes garçons, et même d'hommes, de ma connaissance.

— Nous ferions mieux de nous en aller, dit-il, mais puisque tu veux braver l'écriteau, marchons. Tu verras que je suis aussi courageux que toi.

En parlant ainsi, il enjamba la clôture, et ce fut Yvon qui passa le second.

Les jeunes téméraires n'avançaient pas sans crainte; mais ils étaient portés par une curiosité plus grande encore. Qu'allaient-ils découvrir?

— Qui sait si ce chemin ne mène pas à quelque trésor caché par le propriétaire? se demandait Yvon. Quant à Pornic, il se disait: Peut-être allons-nous enfin rencontrer le Maître lui-même, qui se dérobe dans une retraite au bout de ce sentier. Qu'il sera courroucé en nous voyant, puisque nous avons enfreint sa défense!

Ils n'eurent pas le temps de faire de grandes réflexions. Au moment où ils tendaient la main vers l'arbre chargé des fruits qu'ils avaient désirés, le sol manqua sous leurs pieds. Ce qui leur avait paru un roc n'était qu'un morceau d'argile pourrie qui s'effrita sous leurs pas. Ils roulèrent la pente d'une falaise, haute de plus de cent pieds, et tombèrent lourdement sur de vrais rochers, au bord de la mer, dont ils ne s'étaient pas crus si près. Sanglants, brisés par ce nouveau naufrage, bien plus terrible que le premier, ils poussèrent de longs gémissements auxquels les flots seuls répondirent.

Yvon enfin s'écria :

— O Maître inconnu et cruel, pourquoi n'as-tu jamais daigné te montrer à nous, et nous as-tu conduits par un chemin trompeur jusqu'au bord de l'abîme ? Tu aurais pu si aisément nous épargner cette chute ! Qui que tu sois, je ne te sais aucun gré de ton hospitalité, de tes bontés prétendues. C'est par ta faute que je meurs, et je te maudis !

Mais Pornic, grièvement blessé, lui aussi, reprit doucement son compagnon :

— Comment oses-tu parler ainsi, cher Yvon ? Si le Maître ne s'est pas montré, c'est que peut-être ni toi ni moi ne l'avons cherché comme il faut ; à coup sûr il avait ses raisons, et nous les aurions connues un jour. Mais nous ne pouvons, en aucun cas, l'accuser d'avoir causé notre chute. Ne nous avait-il pas avertis par l'écriteau placé tout près de la barrière ?... Non, non, Maître inconnu et désiré, si je meurs, c'est par ma faute et non par la tienne ! Plus coupable que mon ami, puisque j'ai franchi le premier la barrière, je m'en accuse pour nous deux. Ah ! si du moins avant de mourir je pouvais entendre ta voix, cette voix que j'ai cru percevoir dans le silence de la nuit ! Si je pouvais te voir et te parler ! Sois béni, toi qui nous as ouvert cet asile d'où la folie seule nous a fait sortir! je meurs en te demandant pardon et en te disant merci!

IV

Le jeune mousse avait cessé de parler. Les deux garçons gisaient sur les rochers, et la marée allait emporter leurs cadavres, lorsque, au sommet de la falaise, se dessina une silhouette humaine, et une voix se fit entendre, dans laquelle Pornic reconnut celle qu'il avait ouïe auparavant.

— Me voici, disait la voix. Quiconque m'entend ne mourra point.

Et le nouveau venu descendit jusqu'au bord de la mer, par un chemin que lui seul connaissait.

Il arriva, non sans peine, auprès des deux enfants.

Il se pencha d'abord sur Yvon.

— Mort! s'écria-t-il, et une grande pitié se peignit sur ses traits.

Alors il s'approcha de Pornic, dont les yeux se fixaient sur lui, pleins d'amour et de reconnaissance. Il prit le blessé dans ses bras et commença avec lui l'ascension de la falaise. Ce fut un rude labeur, mais il en vint à bout.

Pornic s'était évanoui. Lorsqu'il ouvrit les yeux, il se vit dans une chambre magnifique, qu'il ne reconnut pas.

— Où suis-je? demanda-t-il faiblement.

— Dans la chambre du Maître, lui répondit un serviteur en souriant. Tu n'as jamais su, pauvre enfant, découvrir la porte secrète qui donne accès à ses appartements ; tu croyais connaître tout le palais, tu n'en connaissais que la moindre partie. Mais voici le Maître lui-même.

Il entra, et jeta sur le jeune garçon déjà guéri par le baume dont on avait pansé ses plaies, un regard plein de tendresse.

— Je réponds à ta question, mon enfant, avant même que tu la fasses entendre. Tu veux savoir pourquoi je me suis si longtemps caché ? Écoute ! je vous ai vus aborder tout deux ce rivage ; j'ai eu pitié de vous, j'ai tout disposé pour que vous fussiez heureux dans ma maison. Je résolus d'adopter l'un de vous, mais je voulais savoir lequel des deux était le plus propre à cette faveur. J'ai voulu vous connaître, et pour cela je vous ai éprouvés. J'ai vu tes recherches persévérantes et ta tristesse quand tu ne me trouvais pas. J'ai vu que ton compagnon ne désirait pas ma présence et n'aurait pu être mon fils. Il est mort, hélas ! tandis que je venais pour le secourir, mort en me maudissant ! Oublie, pauvre enfant, tes misères et cet affreux malheur dont ni toi, ni moi ne sommes la cause. Serviteurs, dans ce naufragé, reconnaissez votre Maître, car je l'adopte. Voilà mon héritier, voilà mon fils !

A l'ouïe de ces paroles, les serviteurs s'inclinèrent et Pornic, hors de lui, se jeta aux pieds de son père adoptif, et les embrassa.

2
Les Droits du Maître

Je logeais, raconte un de nos amis, chez un riche propriétaire, dont le jardin était magnifique. Il avait la plus belle collection de roses que l'on puisse voir. Son jardinier, homme fort habile dans son métier, était fier de ses rosiers, de l'un surtout qui portait trois roses de toute beauté, trois roses parfaites de couleur, d'élégance et de parfum. Chaque matin le jardinier se promenait à travers les plates-bandes, passant l'inspection de ses plantes, comme un chef de ses soldats.

Un jour, le brave homme s'approcha de son rosier préféré. A son grand étonnement, les trois roses avaient été cueillies ! Plein de colère et soupçonnant quelque domestique d'avoir commis cette déprédation, il se dirigea vers la maison : « Quel qu'un a pris mes roses ! cria-t-il. Il faut que je sache qui c'est ! » Mais sa colère tomba bientôt et fit place à un silence respectueux, lorsque l'un de ses aides lui apprit que le maître était venu avant lui au jardin et que c'était lui qui avait cueilli les fleurs royales.

Le maître ! Tout est dans ce mot-là. Le jardinier pourrait oublier que le jardin n'est pas à lui, mais à celui qui le lui a confié. Le maître n'a pas besoin de la permission de son serviteur pour faire usage de ce qui lui appartient.

Ce trait n'est-il pas d'une explication trop facile ? Vous aussi, cher lecteur, chère lectrice, vous avez cultivé avec amour, peut-être avec passion, quelque fleur de choix, et tout à coup le Maître vous l'a ravie. Cette fleur, c'était peut-être un enfant ; sa mort vous en a séparé. Oh ! quel déchirement cruel ! Pourtant, l'enfant n'était pas à vous, mais à Dieu. Qu'avez-vous à dire, si Dieu a voulu reprendre ce qui lui appartenait, s'il a voulu orner son palais céleste d'une des plus belles fleurs de la terre ?

Peut-être avez-vous cultivé un art, un talent qui vous était confié pour que vous le fissiez valoir à la gloire de Dieu. Vous ne vous en êtes servi que pour vous-même ; pour le plaisir que vous en retiriez, pour les éloges qu'on murmurait autour de vous. Et le Maître a repris ce talent. Adorateur du succès, vous avez vu se briser votre idole ; il ne vous en reste que les débris et que le souvenir…

Le Maître ! Ce mot paraît odieux à bien des gens, et il ne résonne agréablement aux oreilles de personne. Notre cœur indompté ne veut pas reconnaître d'autorité supérieure ; il ne veut d'autres maîtres que ceux dont il lui est loisible de changer à son gré. Ceux qui, au nom d'une fausse science et d'une vaine philosophie, parlent aux hommes d'indépendance absolue, sont sûrs de plaire à la foule. Et la raison pour laquelle l'Évangile est si peu populaire, malgré son libéralisme et l'élévation de sa morale, c'est que l'Évangile reconnaît et proclame les droits du Maître.

Les hommes ne savent pas ou ne veulent pas voir que l'obéissance à des forces supérieures et invisibles est un axiome, un fait auquel on n'échappe pas. Donnez-lui le nom que vous voudrez, appelez-le Hasard, Fatalité, Destin, il n'en demeure pas moins vrai que quelque chose est plus fort que vous, plus fort que tout et que tous.

Mais ce Maître souverain n'est point une force anonyme, arbitraire et inconsciente. Il n'y a pas de fatalité. Nous ne sommes pas les jouets de forces aveugles. Il y a un Maître sans doute, mais ce Maître est un Père, et tout ce qu'il fait, même ce qui nous paraît le plus cruel, a une raison bienveillante. En un mot, il fait notre éducation. Dans ses colères apparentes, même les plus terribles, il ne brise rien que ce qui devait être brisé nécessairement ; il respecte ce qui doit durer, ce qui vaut la peine d'être conservé ; que dis-je ? Il ne détruit l'apparence des choses que pour mettre en évidence leur réalité et préparer leur perfection.

Soumettons-nous donc de bon cœur à ce Maître, qui nous a prouvé son amour en s'imposant à lui-même la plus dure souffrance, puisqu'il a donné son Fils pour sauver notre âme et celle de nos enfants !

3
Marguerite. Histoire de deux martyres écossaises

[a]C'était par une admirable matinée de mai. Le ciel était pur ; les jardins exhalaient une odeur parfumée. Les montagnes, tout là-bas, étaient couvertes de bruyères rouges et de genêts jaunes ; tout parlait de paix, de joie et de bonheur.

Hélas ! Rien de tout cela n'existait alors pour le pauvre peuple d'Écosse. Ceci est une histoire qui se passait il y a environ deux cents ans, à une époque où les chrétiens, dans ce pays aujourd'hui si évangélique, étaient persécutés parce qu'ils voulaient adorer Dieu en esprit et en vérité, selon leur conscience, et d'une autre manière que celle du parti régnant.

Ce matin-là, deux femmes étaient assises dans une étroite cellule de la prison de Wigtown, dans le comté de Galloway. Elles s'appelaient toutes deux MARGUERITE, mais tandis que l'une approchait de soixante-dix ans, l'autre comptait à peine dix-huit printemps.

Cette dernière était pourtant la plus énergique et la plus courageuse. Sa compagne, qui avait su, cependant, rester fidèle à sa foi devant le tribunal, était maintenant abattue par bien des craintes et des appréhensions, à mesure que s'avançait l'heure fatale. Car, à moins qu'elles ne consentissent à abjurer leur croyance, toutes

---

a. Ce récit est authentique.

les deux devaient être attachées à des poteaux à la marée basse et noyées lentement par le flot montant. C'est l'horrible supplice qu'elles attendaient dans quelques heures.

La vieille femme, épuisée par le besoin de repos et de nourriture, s'était laissée aller au sommeil, sa tête grise appuyée sur la pierre dure derrière elle.

Elle se souleva soudain, avec un cri perçant et lamentable :

— Jean, mon homme, ne me laisse pas noyer, là, toute seule ! Viens avec moi, prends-moi par la main, tire-moi hors de l'eau !

— « Quand tu traverseras les grandes eaux, je serai avec toi, et les fleuves mêmes ne te submergeront pas... Car je suis l'Éternel ton Dieu, le Saint d'Israël, ton Sauveur, » répéta la voix claire de la jeune fille, tandis qu'elle soutenait doucement sa compagne et, à genoux devant elle, la tenait embrassée.

— Ah ! est-ce toi, petite, ma bonnie Marguerite [a] ? Figure-toi que je viens de rêver que j'étais encore dans ma cabane, près de la mer, où je logeais autrefois avec mon pauvre Jean et mes enfants, qui sont tous partis il y a si longtemps. Tout à coup il m'a semblé qu'une grande vague montait pour me noyer, et j'ai crié. O ma fille, j'ai bien peur...

— « C'est moi, c'est moi qui vous console ; qui es-tu, pour avoir peur de l'homme qui doit mourir, et du fils de l'homme qui sera comme l'herbe ? » continua Marguerite, en citant encore l'Écriture sainte.

---

a. Ce vieux mot, usité chez les paysans d'Écosse, et dont l'origine est évidemment française, est employé dans bien des sens : il exprime la beauté, la bonté, la gentillesse.

— Chère enfant, tu me fais tant de bien ! Ne peux-tu me répéter d'autres paroles bénies du même livre ? C'est comme du miel tiré des rayons pour mon pauvre cœur.

— Si je le puis ? cria la jeune fille, les yeux étincelants. Vous allez voir, bonne mère. Les soldats ont jeté ma précieuse Bible dans le lac profond, quand ils ont dispersé notre *conventicule*, comme ils disent, et nous ont faites prisonnières. Mais ils n'ont pu arracher les textes de mon cœur et de ma mémoire.

Et toujours à genoux, elle répéta la plus grande partie de ce chapitre si consolant qui commence ainsi :

« Que votre cœur ne se trouble point ; vous croyez en Dieu, croyez aussi en moi. Il y a plusieurs demeures dans la maison de mon Père, si cela n'était pas, je vous l'aurais dit. Je m'en vais vous y préparer une place. Et quand je m'en serai allé et que je vous aurai préparé une place, je reviendrai et vous prendrai avec moi, afin que là où je suis, vous y soyez aussi. » (Jean.14.1-3)

Puis s'arrêtant, comme pour tourner les pages d'un livre invisible, elle reprit ses citations par l'un des passages les plus admirables que la Bible contienne :

« Qui nous séparera de l'amour de Christ ? Sera-ce la tribulation, ou l'angoisse, ou la persécution, ou la famine, ou la nudité, ou le péril, ou l'épée ? Ainsi qu'il est écrit : Nous sommes mis à mort tous les jours à cause de toi, on nous considère comme des brebis à la boucherie. Au contraire, dans toutes choses nous sommes plus que vainqueurs par Celui qui nous a aimés. Car je suis persuadé que ni la mort, ni la vie, ni les principautés, ni les puissances, ni les anges, ni les choses présentes, ni les choses à venir, ni ce qui est élevé, ni ce qui est bas, ni aucune autre créature, ne pourra nous séparer de l'amour de Dieu qui est en Jésus-Christ notre Seigneur. » (Romains.8.35-39)

C'est dans ces entretiens que la matinée s'écoula rapidement. Midi sonna : c'était l'heure fixée pour l'exécution. La foule qui s'était rassemblée depuis le matin s'entassait aux portes de la prison. Le Prévôt était arrivé, et bientôt, en compagnie du major Windram, on l'entendit à la tête de ses dragons, qui faisaient résonner le pavé du trot de leurs chevaux, et s'avançaient le sabre au poing.

Alors les deux pauvres femmes sortirent de leur cachot d'un pas tranquille, et furent placées au milieu des soldats, qui les accueillirent avec des sarcasmes et des grossièretés. La procession se forma et se mit en marche vers la mer.

Nombreux furent les signes de tristesse et de sympathie pour les prisonnières que montrèrent les habitants ce jour-là. Peu de gens avaient eu le courage de manger, ou même d'allumer le feu chez eux ; tous les cœurs étaient brisés, tandis que les deux Marguerite s'avançaient paisiblement, comme quand elles se rendaient à l'église le dimanche matin. La plus jeune soutenait sa compagne ; leurs têtes se touchaient ; les cheveux dorés se mêlaient aux cheveux d'argent. Sur ces deux têtes la couronne du martyre allait bientôt être posée.

Quand on fut arrivé sur la rive, où déjà le flot s'avançait, une grâce pleine et entière fut offerte aux deux femmes si elles consentaient à faire le serment d'abjurer la foi des *covenanters*. (C'est ainsi qu'on appelait alors, en Écosse, les chrétiens évangéliques). Mais elles refusèrent avec fermeté.

« Si nous renions Christ, il nous reniera aussi, » répondirent-elles simplement.

On s'empara d'abord de la vieille femme ; on l'attacha au poteau, la face tournée vers la mer. La vague montait déjà jusqu'à ses genoux, et l'on espérait que le spectacle de ses souffrances ébranlerait la jeune fille. Mais avant qu'on l'emmenât, la *bonnie* Marguerite l'avait embrassée en priant Dieu d'être avec elle selon sa promesse et en ajoutant comme une dernière bénédiction, ces paroles du Seigneur Jésus : « Sois fidèle jusqu'à la mort, et je te donnerai la couronne de vie. »

Elle fut liée à son tour au poteau fatal, en arrière du premier, de sorte qu'elle pouvait voir le corps inanimé de la vieille femme tantôt soulevé, tantôt abîmé par le flot, jusqu'à ce que le dernier lambeau de vêtement fût couvert et que tout fût terminé.

Mais Marguerite ne fut point ébranlée par ce spectacle. La chronique rapporte qu'elle se mit à chanter d'une voix claire et forte plusieurs versets du Psaume :

> Vers toi monte ma prière,
> Seigneur, je m'assure en toi.
> Fais, ô Dieu, que l'adversaire
> Ne triomphe point de moi…

Comme elle s'arrêtait pour reprendre haleine, une voix brisée, une voix de femme cria dans la foule :

« Marguerite, ma chérie, mon enfant, laisse-toi fléchir ! Ne meurs pas !… Prête le serment !

— Mère bien-aimée, répondit la jeune fille, ne savez-vous pas que si nous mourons avec Christ, nous vivrons aussi avec Lui, et que si nous souffrons, nous régnerons aussi avec Lui ?

Une autre voix se fit entendre :

— Marguerite, ne pouvez-vous pas dire seulement : Dieu sauve le Roi?

Un frisson passa dans les veines de Marguerite. Cette voix mâle et sonore fit affluer le sang à ses joues. Ce fut une terrible lutte, car l'affection suprême était en jeu. Mais elle répondit d'une voix ferme, quoique voilée :

— Oui, je prie Dieu de sauver le roi.

— Elle l'a dit, monsieur le Prévôt, elle a dit : Dieu sauve le roi! Délivrez-la, major Windram, crièrent quelques personnes.

L'officier se pencha et murmura dans l'oreille de Marguerite :

— Prêtez le serment demandé, petite folle, et je vous mets en liberté tout de suite.

Mais Marguerite resta ferme dans son refus, et l'héroïque fille fut abandonnée à son sort. On l'entendit prier et louer Dieu jusqu'au moment où l'eau toucha ses lèvres. Alors sa face tournée vers le ciel sembla rayonner d'une gloire indicible, et quelques instants après la vierge d'Écosse allait rejoindre « les âmes de ceux qui ont été immolés à cause de la Parole de Dieu et du témoignage qu'ils ont rendu… car ils ne préférèrent pas leur vie, et furent fidèles jusqu'à la mort. » Mais à travers les siècles, mêlée à la grande voix de l'Océan, la voix des héroïques femmes nous crie :

« Nous sommes rachetées par le sang de l'Agneau! »

Et toi, lecteur?

4
Les aventures de l'esclave Brotos

I

Du plus loin qu'il me souvienne, je me vois habitant une misérable et solitaire cabane, en compagnie d'un vieil homme taciturne et méchant, mon maître Chronos [a]. Je ne connaissais alors ni le nom de mes parents, ni mon lieu de naissance. Quelquefois, surtout au printemps, quand le soleil prêtait à toutes choses un charme nouveau, une porte semblait soudain s'ouvrir dans ma mémoire, et je voyais passer devant moi des images indécises : une belle maison entourée de jardins fleuris, tout peuplés d'êtres aériens aux voix délicieuses… Mais tout cela était vague, fugitif, et de plus en plus lointain. Dans l'abêtissement de ma vie d'esclavage, ces réminiscences s'effacèrent peu à peu, et je fus en proie à l'affreuse réalité : le fouet du sinistre Chronos.

Ce Chronos était un être bizarre. Il était chauve, ridé, en un mot, laid à faire peur. Pourtant, à certains jours, ce hideux vieillard se fardait, abritait son chef branlant sous une perruque blonde, se teignait la barbe et les sourcils, et remplaçait ses haillons ordinaires par une défroque prétentieuse, puis se mettait à fredonner des airs guillerets d'une voix fêlée. Il me contraignait alors à danser. Je ne

---

[a]. Les noms employés dans cette allégorie sont tirés du grec, Brotos, mortel ; Chronos, le Temps, Thanatos, la Mort ; Aïonoa, l'Éternité.

sais, en vérité, s'il ne m'inspirait pas plus d'horreur en ces moments-là que dans son humeur habituelle. Ses coups valaient mieux que ses caresses... Et pourtant, il frappait dur et souvent.

Mon travail consistait à labourer un maigre champ, à paître quelques brebis, à fendre le bois, à porter l'eau ; enfin, j'étais l'esclave à tout faire. La besogne était rude et incessante ; Chronos ne me laissait guère chômer. Nous partions quelquefois pour de mystérieuses expéditions ; lui, armé d'une grande faux ; moi, chargé des provisions de route. Il marchait d'un pas toujours égal, sans fatigue apparente. Je le suivais, haletant. Je le suppliais en vain de me donner un instant de répit — « Marche, esclave, marche ! » me répondait-il d'une voix brève, en me menaçant de sa terrible faux.

Si misérable que fût mon existence, l'espérance m'aidait à la supporter : la jeunesse, Dieu merci, ne marche jamais sans cette agréable compagne. Quelque chose me disait que je ne serais pas toujours l'esclave de Chronos. Je voyais me sourire la destinée dans les fleurs sauvages qui bordaient la route ou croissaient à l'orée de la noire forêt près de laquelle nous habitions. Les étoiles me parlaient aussi ; une lumineuse et pourtant obscure prophétie de bonheur semblait tomber sur moi chaque soir de ces espaces immenses et silencieux qu'on appelle le ciel. Mais je remarquai nombre de fois que si mon maître Chronos survenait en ces moments de rêverie, il suffisait que son ombre se projetât sur mes fleurs pour qu'elles se flétrissent aussitôt, et le ciel même semblait s'obscurcir dès qu'il se dressait à mes côtés.

Et mes nuits ! Elles se passaient en alternatives de rêves agréables et de frayeurs atroces.

Il faut que vous sachiez que la forêt voisine était hantée par un loup, terreur de la contrée, un loup formidable auquel mon maître donnait le nom de Thanatos. Entre ces deux êtres existait un rapport que je ne parvenais pas à m'expliquer. Tantôt Chronos parlait du loup en plaisantant, comme d'une bête familière et inoffensive, tantôt il ne le nommait qu'à voix basse et en tremblant : « je sais, me disait-il en ses rares moments d'abandon, que je finirai sous ses crocs… Mais toi aussi, Brotos ! » ajoutait-il avec un rire méchant. L'hiver surtout, Thanatos hurlait, la nuit, dans le vent des tempêtes, et tout mon corps se glaçait sur mon grabat, lorsque je l'entendais rôder autour de la cabane. Plusieurs fois je vis à travers la porte mal jointe briller ses yeux de flamme ; il grattait le sol avec frénésie ; il allait entrer ! Ces nuits-là, Chronos se levait, prenait tour à tour une voix emportée et caressante : « Pas encore, Thanatos, calme-toi ! L'heure n'est pas venue. » Et, pour apaiser la bête sanguinaire, il allait à l'étable, prenait l'agneau le plus tendre et le plus blanc, et le jetait au loup, qui s'enfuyait dans les bois avec cette proie dans la gueule… C'était même à cet usage presque exclusif que notre troupeau était destiné : à part le peu de laine et de lait que nous en retirions, il ne nous servait guère qu'à nourrir Thanatos.

II

Un soir, comme je rentrais des champs plus harassé, plus découragé qu'à l'ordinaire, je trouvai, dans la cabane, le repas déjà préparé. Un air d'ordre et de propreté était répandu dans notre masure ; Chronos, satisfait, était assis près du foyer, tandis qu'un beau jeune homme, sa robe ramassée autour des reins comme les esclaves, achevait la besogne que j'aurais dû faire en rentrant.

— Réjouis-toi, Brotos, me dit mon maître. Voici un compagnon que je t'ai donné. Il s'appelle Christos.

Le nouveau venu se tourna vers moi, et me regarda en souriant. Tout de suite, je me sentis conquis par ce sourire, et mon cœur vola à ce compagnon d'infortune qui m'arrivait si mystérieusement. J'aurais voulu l'interroger, savoir son histoire ; mais je craignais Chronos, et je me tus.

Le lendemain, Christos, levé avant l'aube, avait déjà fait la moitié de mon travail lorsque je le rejoignis. Il me salua d'une cordiale étreinte :

« Nous sommes frères, » me dit-il, et bien que je ne crusse pas ces paroles littéralement vraies, elles me réconfortèrent étrangement. « je ne suis donc plus seul, pensai-je. J'aurai donc désormais un confident de mes peines et de mes espérances ! »

— Sois béni, Christos, répondis-je, quelle que soit l'aventure qui t'a conduit en ce triste lieu. Il est moins triste depuis ton arrivée. Mais, dis-moi comment un homme tel que toi a pu se laisser réduire en servitude par un maître tel que Chronos ?

— Plus tard, plus tard, me dit-il. Pour aujourd'hui, allons labourer, car tu sais que le maître n'est pas tendre. »

Nous partîmes, et Chronos, qui ne nous avait pas entendus (car les esclaves ont un langage à eux, une façon de s'entendre en parlant du bout des lèvres), Chronos nous suivit du regard, l'air à la fois soupçonneux et content. Ce nouvel esclave, évidemment, faisait son affaire, mais il ne l'aimait pas, et l'accablait de plus de coups que moi. Christos les recevait sans se plaindre, et sa patience m'étonnait.

Nous formions, lui et moi, un parfait contraste. Il était grand, bien fait, robuste ; un air de santé et de joie était répandu sur son visage. Moi, j'étais malingre et chétif, comme un enfant arraché trop tôt à la tendresse maternelle.

Nous nous mîmes à la besogne, et Christos en fit la plus grande part. A chaque instant il m'obligeait au repos, travaillant pour deux. Il ne gémissait pas comme moi ; la seule ombre de tristesse que j'aperçus dans ses yeux lui vint en me regardant, débile, penché sur mon sillon, que j'arrosais de ma sueur.

« Pauvre enfant, pauvre enfant ! » murmurait-il avec une douceur infinie. Et même, lorsque à travers mes haillons déchirés il vit la trace des coups de fouet dont Chronos m'avait frappé depuis tant d'années, un sanglot lui échappa. Au bout de quelques jours, je n'eus plus de secrets pour mon ami Christos. Je lui racontai tout : mes terreurs aux hurlements de Thanatos, les propos cruels de notre maître, et mon espoir, mon invincible espoir, si insensé pourtant, de voir un jour finir mon esclavage.

Tu as raison, me dit-il. Espère, espère, et crois en moi !

— En toi ! m'écriai-je. Oui, je sais, tu es grand et fort, tu es doux, et ta présence est pour moi meilleure que la vie. Pourtant tu n'es, comme moi, que l'esclave de Chronos. Ta soumission m'étonne et ne me promet guère la liberté. Ah ! si j'avais ta force ! Mais puisque tu acceptes pour toi la servitude, comment m'en affranchirais-tu ?

Alors Christos, me menant à l'écart, sur un siège de mousse à l'abri d'un rocher, me révéla l'ineffable mystère de son être. Et quand il eut parlé, je me jetai à ses genoux, puis relevé par lui, je l'embrassai avec des pleurs de joie.

III

Quelques jours plus tard, en arrivant aux champs sur les pas de Christos, je trouvai notre travail déjà fait, et mon ami prêt à se mettre en route :

— Nous partons, me dit-il.

Il y eut dans ce mot, dit d'une voix brève et assurée, une force qui se communiqua à moi. Et d'ailleurs, à quoi eussent servi mes objections ? Mon cœur était gagné à ce frère mystérieux : Chronos était bien le maître de mon corps, mais Christos possédait mon âme tout entière.

Il se dirigea vers la forêt.

— Pas par là, Christos, je t'en supplie ! m'écriai-je presque involontairement. Ce ne peut être le chemin de la liberté, car le loup Thanatos y rôde incessamment, et jamais aucun voyageur n'est revenu de ces solitudes impénétrables !

— Je sais tout cela, me répondit Christos. Écoute, enfant : crois-tu en moi ?

— Je te suivrai jusqu'à la mort ! dis-je résolument.

— Eh bien, en route, s'écria-t-il.

Nous marchâmes longtemps, à travers les fourrés, sous la voûte sombre des chênes. Christos allait devant, écartant de ses deux mains qui furent bientôt toutes sanglantes, les ronces et les épines pour me frayer le passage. Il allait avec assurance, comme quelqu'un qui connaît le chemin. Devant nous fuyaient toutes les créatures farouches qui peuplent la forêt, et qui n'avaient jamais vu jusqu'alors le visage de l'homme. De temps en temps, nous entendions les hurlements de Thanatos. Mon compagnon me prenait alors par la main ; sa taille se redressait, son regard prenait une fixité étrange en se dirigeant vers les halliers d'où partaient les hurlements, qui se changeaient presque aussitôt en grondements sourds comme ceux d'une bête domptée.

— Ne crains rien, je suis avec toi ! me disait-il ; et ses paroles soutenaient mon courage.

Enfin, le soir venu, nous atteignîmes une grande clairière. Depuis un moment les broussailles avaient disparu ; la forêt était devenue majestueuse et accueillante à la fois, et nous marchions sur une belle avenue de cèdres qui aboutissait là-bas, là-bas, à une maison magnifique, dont toutes les fenêtres étincelaient de lumière.

Alors, un phénomène étrange se passa dans mon esprit. Il me sembla être revenu à une époque lointaine, bien avant Chronos, et l'esclavage, et les coups. Je reconnus les lieux, et m'écriai éperdu :

— Mon père ! La maison de mon père !

Christos se pencha vers moi en souriant. Oh ! ce sourire ! Et il me dit :

— Ne t'avais-je pas promis de grandes choses ?

— Mais je ne m'attendais pas à celle-ci ! répondis-je.

— Marchons, me dit-il. Tu vas voir mieux encore.

Alors, quand nous fûmes tout près de la maison, m'apparut la plus idéale vision qu'il puisse être donné aux hommes de contempler.

Sur le perron de la noble demeure, debout dans un rayon de lumière qui semblait tomber des cieux exprès pour l'envelopper, une forme blanche en qui la femme et l'ange unissaient leurs beautés, nous regardait approcher en souriant. Son sourire était celui de Christos. Elle chantait, une lyre d'ivoire entre les mains, et voici les paroles de son chant :

> Pauvre enfant, longtemps égaré,
> Accours à la voix qui t'appelle
> C'est moi qui te consolerai,
> Aïonia, la Vie éternelle !

En finissant cette strophe, que j'écoutai avec ravissement, Aïonia descendit les degrés et s'avança vers nous.

Je m'élançai, j'allais franchir d'un bond l'étroit fossé qui me séparait d'elle... Lorsque tout à coup une lourde main s'abattit sur mon épaule, et je vis briller sur ma tête la faux terrible de Chronos.

— Ah ! ah ! dit-il. J'arrive à temps, esclaves, pour vous réduire, ou vous tuer. Rentrez au logis ou vous périrez de ma main !

Mais Christos, de sa poigne vigoureuse, écarta le vieillard.

— Laisse-nous, dit-il, et reconnais ton Maître. Je suis le Fils du roi, et celui-ci est mon frère, que tu as dérobé pour l'asservir !

Fou de rage déçue, Chronos fit tournoyer sa faux tranchante, et en frappa mon frère Christos. Je vis celui-ci chanceler et s'abattre, mais pour un instant à peine. Tout couvert de sang, il se releva, saisit Chronos, et lançant la faux au loin, terrassa le misérable.

— A moi, Thanatos, à moi ! cria celui-ci d'une voix étouffée.

Un bruit se fit parmi les feuilles, et le loup bondit à mes pieds. Je ne l'avais jamais vu ; il était gigantesque. Détournant ses yeux farouches pour ne pas rencontrer le regard de Christos, il se jeta sur lui. Je crus notre dernière heure venue.

Horrible situation ! Là, tout près, Aïonia, sa lyre à la main, toujours environnée de lumière, regardait le combat comme si elle était sûre de la victoire de Christos. Son assurance me rendit du courage ; cependant le loup hurlait, mordait à pleines dents mon frère bien-aimé, tandis que je ne pouvais rien pour lui venir en aide ! Mais Christos triompha pour nous deux.

Un moment, Thanatos et lui roulèrent ensemble dans la poudre, mais bientôt je vis Christos couvert de plaies, pâle et rayonnant, debout : il serrait d'une main la gorge haletante du loup, de l'autre il tenait Chronos. Sa force était miraculeuse.

— A l'abîme tous deux ! cria-t-il.

Et il les entraîna vers un trou noir et profond qui s'ouvrait entre des rochers, à quelques pas de l'endroit où s'était livrée la bataille.

On entendit les deux corps rouler dans des profondeurs infinies.

Alors, Christos revint vers moi. Sa face, naguère terrible, était redevenue souriante. Sa main, qui venait d'étrangler Thanatos, se posa sur mon front, y imprimant une trace de sang que je garderai aux siècles des siècles.

— Viens ! me dit-il.

Alors le palais devint plus resplendissant que jamais, des êtres aériens pareils à ceux qui me visitaient dans mes rêves d'enfance peuplèrent les jardins fleuris, et par la porte qu'Aïonia venait d'ouvrir toute grande en chantant, nous entrâmes, Christos et moi, dans la maison de notre Père.

5

Le forçat volontaire

I

Au temps où les condamnés aux travaux forcés étaient détenus dans les ports de Brest, de Rochefort et de Toulon, un homme avait obtenu la permission de visiter régulièrement l'un de ces bagnes. Tous les jours, à la même heure, les forçats le voyaient arriver invariablement. Été comme hiver, quelque temps qu'il fît, le visiteur ne manquait jamais. Il était devenu l'une des figures habituelles de ce lieu étrange, quoiqu'il y eût une grande différence entre lui et les hôtes forcés qui l'habitaient.

Bien que ses vêtements n'indiquassent pas un homme d'une position supérieure, son visage et ses manières le montraient suffisamment. Il avait la plus grande distinction unie à la plus grande bienveillance, et, en causant familièrement avec les plus dépravés, il ne se départissait jamais d'un ton grave et doux à la fois qui leur inspirait toujours le respect.

Qui était cet homme? Nul ne le savait. Que venait-il faire? Tous les jours il se présentait les mains pleines. A l'un il donnait un livre, à l'autre quelque argent, à celui-ci un remède, à celui-là une parole d'espérance et de sympathie. Il n'oubliait personne; ceux qui avaient insolemment refusé ses dons la veille n'étaient point négligés le lendemain. Il semblait que ce fût à lui que ces malheureux rendissent service. Il était si triste quand on refusait ses dons, et si joyeux quand on les acceptait!

Ceux qui sont mauvais ne peuvent croire au bien désintéressé; aussi, dans le bagne, était-on fort divisé au sujet de ce visiteur. Il semble qu'il n'y aurait dû avoir qu'une opinion — c'est un brave homme! et qu'un sentiment : la reconnaissance. Mais les uns — c'étaient les loustics, les anciens, les esprits forts de la troupe, disaient :

— Un brave homme? Allons donc! Il n'y en a pas. C'est un mouchard qui fait semblant de pleurer pour nous tirer les vers du nez. Il espère gagner notre confiance, nous faire raconter notre histoire, et en informer la police; à malin, malin et demi.

Cette opinion semblait prévaloir, car ceux de qui elle venait faisaient autorité. D'autres disaient : — Bah! C'est un maniaque, un fou. C'est par toquade qu'il s'est pris d'une si belle affection pour nous. Profitons de sa folie, mais tenons-nous tout de même sur nos gardes.

Et c'est à peine si, dans le nombre, il s'en trouvait quelques-uns pour dire timidement :

— Non, malgré tout ce que vous dites, c'est un brave homme. Il a pleuré de vraies larmes quand il m'a vu entrer ici. Il parle trop bien pour être un fourbe ou un fou. Il nous aime.

Mais les autres reprenaient tous ensemble

— Il nous aime, dites-vous? Est-ce que c'est possible? A-t-on jamais vu des honnêtes gens courir après des forçats? Nous sommes vraiment bien aimables! Non, non, il ne peut y avoir là que de la fausseté ou de la folie.

Ce qui ne les empêchait pas de recevoir ses dons quand il revenait le lendemain. Ainsi tous étaient divisés à son sujet.

II

Un jour, ce fut bien autre chose. Le visiteur était venu comme d'habitude ; mais, au lieu de s'en aller une fois sa tournée finie, il rassembla, avec la permission du gouverneur, les condamnés dans une salle et leur dit :

— Mes amis, je suis touché de votre malheur et je veux y mettre un terme. Les dons que je vous ai faits jusqu'à présent ne sont rien ; c'est la liberté que je veux vous donner cette fois. Y en a-t-il parmi vous qui se repentent de leurs fautes, qui feraient tout au monde pour les effacer, qui voudraient pouvoir recommencer la vie ? Eh bien, c'est à ceux-là que j'apporte le moyen de sortir d'ici.

Au mot de liberté, bien des visages s'étaient éclaircis. Au mot de repentance, quelques yeux s'étaient remplis de larmes. Mais les « malins » se mirent à rire et à murmurer entre eux :

— Hein, qu'avions-nous dit ? Vous voyez bien que c'est un mouchard. Il va nous proposer une évasion, pour nous faire pincer ensuite.

Mais le bienfaisant étranger poursuivit :

— J'ai obtenu du prince qui nous gouverne une faveur bien plus grande que celle qu'il m'a accordée en me permettant de venir vous voir. Il m'a autorisé à prendre ici la place de tous ceux d'entre vous, si nombreux soient-ils, qui voudront en changer avec moi. Je serai leur remplaçant au bagne, et eux possèderont en liberté ma maison et ma fortune.

Pour le coup, le plus grand nombre éclata de rire ; et quelques-uns de s'écrier :

— Vous le voyez bien, c'est un fou !

Mais lui, sans se troubler :

— Je comprends que mes paroles ne vous paraissent pas croyables. Je sais que jamais personne ne vous a fait une semblable proposition et que, moi parti, jamais personne ne vous la fera plus. Vous me demanderez quel intérêt me pousse à me substituer à vous. Vous croyez que j'ai perdu la raison, que je me flatte d'une chose que je ne puis faire, ou que je veux vous entraîner à une révolte sans issue. Je vous assure que ce n'est pas vrai. Le seul motif que je puisse vous donner, c'est que je vous aime ; je vous aime parce que vous êtes malheureux, je vous aime quoique vous soyez coupables. Acceptez mon offre et vous verrez que je ne vous trompe pas.

Mais ce fut en vain que le bienfaiteur les pressa ce jour-là. Il ne se lassa point ; il revint le lendemain, il fut plus pressant encore sans aucun résultat. Jour après jour, semaine après semaine, tout en leur distribuant ses aumônes habituelles, il leur répétait, sans se rebuter : « Ah ! si vous vouliez !… Vous seriez libres, vous seriez riches, vous seriez heureux ! »

Enfin, ses supplications aboutirent à troubler quelques-uns des condamnés. Cinq ou six de ceux qui, tout en étant de grands criminels, avaient encore en eux de bons désirs et quelque foi dans la vertu, et aussi quelques-uns de ceux qui, étant condamnés à perpétuité, n'avaient rien à craindre des tentatives les plus désespérées, se dirent les uns aux autres :

— Après tout, s'il disait vrai ? S'il a vraiment le droit de nous absoudre en prenant notre place ? Que risquons-nous à essayer ? Quelques quolibets valent bien qu'on les affronte, lorsqu'il s'agit de gagner la liberté et la richesse !

Ils allèrent donc à lui et lui dirent :

— Nous croyons ce que vous avez promis, nous sommes décidés à accepter votre offre.

Le visage du visiteur s'éclaircit à ces paroles.

— Ah ! quelle joie ! s'écria-t-il. Je ne serai donc pas venu pour rien dans ce lieu de misère !

Et il les fit entrer dans une salle à part, où il leur parla ainsi :

— Je suis disposé à tenir ma promesse, non pas demain, mais aujourd'hui, à l'instant même. Nous allons changer de place ; vous me donnerez vos fers, votre bonnet jaune, votre casaque de forçat. Vous prendrez les clés de ma maison, de mon trésor et de mes titres. Je ne vous impose qu'une seule condition.

— Laquelle ? s'écrièrent-ils tous à la fois.

— La voici : Il faut que vous me promettiez de me représenter aussi fidèlement dans le monde que moi je vous représenterai ici. Je suis un honnête homme, il faut que vous me promettiez de l'être. Je suis bienfaisant, vous devez l'être aussi. Mon langage, ma manière d'agir, tout ce que j'ai en un mot, il faut que vous l'ayez vous-même. Enfin, vous allez vivre ensemble, puisque je n'ai qu'une maison pour vous tous. Il faudra que vous vous aimiez comme des frères, chacun de vous portant le même nom, qui sera le mien : un nom que j'ai reçu pur et sans tache de mes ancêtres et que je ne saurais voir traîné dans la boue. Ici vous vous détestez, vous vous querellez ; mais il faut me promettre, une fois en liberté, de vous chérir et de vous prêter mutuellement assistance comme si vous étiez les membres du même corps, et vous l'êtes en effet, puisque, entre vous tous, vous ne représentez que moi dans le monde.

A ces mots presque tous ses auditeurs s'écrièrent :

— N'est-ce que cela ? Ce sera bien facile !

— Pour moi, ajouta le plus âgé, il y a trop longtemps que je suis ici pour ne pas savoir que le crime coûte cher, et que ce qu'il y a de meilleur, c'est la vertu. Soyez sans crainte : votre honneur sera sauf entre mes mains. Je ne dis pas que je serai tout à fait comme vous dès le début, mais, avec le temps et des efforts, j'y arriverai. Je serai bientôt aussi vertueux, aussi bienfaisant, aussi bien élevé que vous.

— Quant à moi, dit un autre, cela me sera bien facile, car je n'ai jamais cessé d'être honnête. C'est par une injustice que je suis ici ; je n'ai pas mérité ma condamnation. Rien ne me sera donc plus naturel que de faire le bien, une fois rentré dans le monde.

— Je ne dirai pas, ajouta un troisième, que je n'aie commis quelques peccadilles. Mais c'est par entraînement, car j'ai été bien élevé et je suis d'une bonne famille. Je puis donc sans crainte revenir dans la société : J'y ferai aussi bonne figure que vous. Dans deux heures, si je sors d'ici, l'on ne me reconnaîtra plus.

Ainsi tous ces malheureux, sous leurs casaques infâmes, se donnaient déjà toutes les vertus et commençaient à trouver très simple que les richesses et les honneurs leur fussent offerts. Cependant leur bienfaiteur paraissait plus attristé que réjoui par ces protestations. Évidemment, il n'y avait pas confiance.

III

Tandis que tous les forçats, à l'envi, promettaient si légèrement des choses si grandes, un seul d'entre eux avait timidement gagné la porte et s'apprêtait à sortir de la salle.

Le visiteur le vit et l'appela :

— Pourquoi t'en aller ? lui demanda-t-il. Mon offre ne t'agrée-t-elle déjà plus ?

Alors le criminel s'approcha de quelques pas et, courbant la tête, lui dit d'une voix pleine de larmes :

— Homme juste et bon, votre offre m'attire, mais je n'en suis pas digne. Ce que vous me demandez, je ne saurais le promettre. J'ai été coupable, je porte la peine de mon crime ; mais, bien que souffrant ici ce que j'ai mérité, je sens que mon cœur est encore plein de mauvais désirs ; que serait-ce si j'étais livré à moi-même ? Je n'ose penser à ce que je pourrais être tenté de faire encore. Et que me demandez-vous ? De vous ressembler, d'être aussi juste, aussi bon que vous ? Ah ! Jamais je ne le pourrai. Or, si je suis un criminel, je ne veux pas être un traître. C'est assez d'avoir souillé mon nom, je ne veux pas souiller le vôtre. Je suis dégradé par ma faute, je ne veux pas que vous le soyez par la mienne. Je ne me sens pas la force de vous représenter dignement ; laissez-moi donc vivre et mourir ici.

En entendant ces paroles, le visage du bienfaiteur devint rayonnant :

— C'est toi, c'est toi, mon frère, s'écria-t-il, qui sortiras d'ici à l'instant même ! C'est toi qui as le vrai repentir, puisque tu as la vraie humilité. Ne crains point, car je serai avec toi, bien qu'absent ; ma pensée t'enveloppera comme une protection, et, quand tu douteras de toi-même, tu reviendras ici me demander conseil. Pars, laisse tes fers, prends mon vêtement et la clé de ma maison.

Et l'échange se fit aux yeux des forçats étonnés. Beaucoup eussent voulu se décider alors, mais l'heure était passée. Et le libéré sortit, joyeux et triste à la fois — joyeux de son salut, triste à cause des douleurs que son ami allait subir à sa place ; et celui-ci le suivit d'un long regard et d'une bénédiction.

IV

Le forçat libéré entra donc en possession de cette nouvelle vie. Il ne pouvait d'abord croire à son bonheur. Oh ! la volupté d'être libre, de respirer un air pur à pleins poumons, d'aller devant soi, à l'aventure, sans sentir des fers à ses pieds et le fouet du garde-chiourme sur sa tête !

Libre, et à quel prix !... Cette pensée remplissait toujours ses yeux de larmes. En présence de la nature ravissante, devant un beau coucher de soleil, il se disait tout à coup : Un autre est au bagne à ma place ! C'est à lui que je dois tout ceci ! Et ces grandes choses se revêtaient pour lui d'un charme plus touchant, et son cœur s'emplissait d'une ineffable mélancolie.

Bientôt il comprit qu'il avait été libéré pour autre chose que pour jouir de la vie ; qu'il lui fallait agir comme son sauveur l'avait fait. Il se mit donc à visiter les pauvres, les malheureux, répandant partout des aumônes et, quand on le remerciait, disant :

« Ce n'est pas moi, c'est de la part d'un autre. »

Quand la tentation d'employer son temps à quelque frivolité ou son argent à quelque folie le saisissait, il s'arrêtait bientôt :

« Mon temps, mon argent, je n'en ai point ; ils sont à mon bienfaiteur. C'est lui qui doit vivre en moi. Comment ferait-il en cette occasion ? »

Si la difficulté était trop grande, il reprenait le chemin du lieu de souffrance où il avait laissé son remplaçant. Et là, dans le secret d'une conversation intime, il lui exposait le cas, lui demandait des conseils qui devenaient des ordres. Il sortait toujours de ces entrevues plus fort, plus vertueux et plus reconnaissant que jamais.

Puis le temps vint — la peine étant expirée où le forçat volontaire vint rejoindre le forçat libéré. Alors, pour ce dernier, ce fut le bonheur parfait. Ils étaient deux, mais ne faisaient qu'un, assis à la même table, dans la même maison ; puisant à la même bourse, portant le même nom... A force de vivre ensemble, ils finirent par se ressembler, et les serviteurs eux-mêmes ne faisaient plus de différence entre leur maître et son frère d'adoption.

Faut-il une explication à l'apologue ci-dessus ? Personne n'aura pu croire qu'une pareille aventure soit jamais arrivée parmi les hommes. Des dévouements semblables ne se rencontrent pas.

Mais ce qui est impossible aux hommes est possible à Dieu. Or, Dieu a tellement aimé le monde, — c'est-à-dire cette immense foule de forçats et de criminels, de souffrants et de mourants dont se compose l'humanité, — qu'il est venu sur la terre, dans notre bagne, dans notre infamie, pour nous offrir un échange.

— Le Fils de Dieu s'est fait le fils de l'homme ;
— Les fils des hommes peuvent devenir fils de Dieu.

— Il a pris nos douleurs, notre mort, il a expié nos crimes.
— Il nous offre sa gloire, sa sainteté, sa vie éternelle.

Après nous avoir comblés de dons temporels, — la liberté sociale, la lumière, le progrès, l'amélioration des mœurs, — Jésus-Christ vient nous dire : « Tout cela, ce n'est rien. Voulez-vous avoir La Vie Éternelle ? »

On l'a traité de fourbe et d'insensé. Il ne s'est pas rebuté ; à chaque génération d'hommes, il répète : « Voulez-vous avoir La Vie Éternelle ? Être affranchis du mal et de la condamnation ? Être les maîtres de vous-mêmes, les rois du monde, les rois du ciel ? Laissez-moi prendre votre place et prenez la mienne. Croyez, croyez à mon amour ! »

Le monde, en majorité, rejette ce Libérateur. Mais il se trouve, ici et là, quelques âmes, — lecteur, êtes-vous du nombre ? — qui se repentent, qui se défient d'elles-mêmes, qui se sentent incapables de se sauver jamais par leurs propres forces. Ce sont celles-là qui croient en Jésus-Christ, quand Il se présente à elles.

Et, dès qu'elles ont cru en Lui, leur bonheur commence.

Oh ! quels horizons nouveaux, quelle ivresse de joie, quand on se dit : Je suis fils de Dieu ! J'ai devant moi l'éternité bienheureuse ! Rien ni personne ne me menace plus !

A-t-on besoin de force pour ne pas retomber dans le mal ? Le Calvaire est toujours là ; par la prière, on peut s'en approcher, et le Christ Libérateur est aussi le Christ Sauveur. En toutes circonstances, sa force s'accomplit en notre faiblesse, Il nous anime de son Esprit, et Il vit Lui-même en nous…

Puis viendra la réunion glorieuse. Le Sauveur et les sauvés, la victime et ceux qu'elle a remplacés, se retrouveront dans la même demeure. Vie sublime, vie éternelle ! L'espoir seul de te posséder illumine déjà la vie présente !

6
Premier lit de mort

J'avais cinq ans à peine, quand je perdis mon oncle Émile. Chacun de nous a, dans ses lointains souvenirs, quelque deuil tout pareil au mien, et ce que je vais narrer paraîtra banal, sans doute, à maint lecteur. Mais c'est justement la banalité de tels événements qui les rend si tragiques : faut-il que nous soyons malheureux pour que l'odieuse vue de la mort ne nous étonne plus !

Je le vois encore, mon oncle Émile, je le verrai toujours, grand, maigre, légèrement voûté bien qu'il n'eût pas vingt-cinq ans, ses grands yeux brillant d'un feu étrange et doux. Nous nous aimions beaucoup. Ensemble nous allions courir au bord de la rivière, cette belle rivière transparente où foisonnaient les poissons argentés ; il pêchait patiemment, et patiemment je le regardais, fier de ses prises, comme si elles eussent été miennes… Ou encore, nous allions par les collines boisées, à la recherche des nids, car j'ai le regret de dire qu'à cette époque déjà lointaine on se préoccupait peu de la conservation des espèces ailées, et les dénicheurs d'oiseaux ne croyaient pas mal faire.

Mon oncle tomba malade. Adieu les courses à la montagne, adieu nos flâneries le long de la rivière ! Le rude automne secouait de ses vents froids les grands arbres dénudés, et venait gémir jusque dans la maison, par les larges cheminées. On eût dit que, du même coup, il avait terrassé mon pauvre oncle, que la toux secouait, sifflante et caverneuse. Il restait de longues heures près du feu, sans parler, seulement il me prenait sur ses genoux, et me regardait de ses yeux plus brillants que jamais. Quand il allait mieux, il me racontait de sa voix devenue rauque, quelque belle histoire de la Bible, qu'il terminait en me chantant tout bas son chant favori, ce doux cantique morave :

> Maître débonnaire
> Qui portas mes maux,
> Je fus ton salaire
> Pour tous tes travaux…

Car il aimait Jésus, mon oncle Émile, et me parlait souvent du ciel, où il allait…

Un jour, de grands cris retentirent dans sa chambre. Je voulus y courir, on me retint, et je ne pus y entrer que lorsque à ces cris, poussés par ma pauvre grand-mère, un grand calme eut succédé. Dès le seuil, je fus saisi par ce calme solennel et sinistre. Ma grand-mère, à genoux, dans sa robe noire ; mon grand-père, immobile au pied du lit, et sur ce lit mon oncle, mon cher oncle Emile… Mais était-ce bien lui ? Ses yeux fermés, son pâle sourire figé autour des lèvres ; aux commissures, quelques gouttes de sang ; il était là rigide, effrayant. Je n'osais m'approcher.

« Ton oncle est mort, me dit-on. Tu peux l'embrasser encore une fois, si tu veux. »

Mort ! Qu'est-ce que cela signifie ? me demandais-je. On m'avait dit que la mort, c'était l'entrée au ciel, et je l'avais toujours imaginée lumineuse et charmante, mais ceci ! Ma pensée d'enfant évoqua tout aussitôt l'image d'une scène à laquelle j'avais parfois assisté : le boucher du village tuant un mouton dans sa cour, et je vis tout de suite qu'on avait tué mon oncle Émile, comme un pauvre petit agneau.

Mais qui donc l'a tué ?

Et je regardais autour de la chambre, comme pour chercher l'invisible auteur de ce meurtre. Invinciblement, l'idée de violence s'était emparée de moi ; je ne pouvais croire, hélas ! qu'on mourût « tout seul ». Je ne le crois pas encore aujourd'hui. J'ai vu, depuis, bien des lits funèbres, j'ai assisté à bien des funérailles ; mais toujours, que ce fût un enfant, une femme, un vieillard que j'eusse sous les yeux, toujours j'ai eu dans l'esprit la vision d'un Assassin insaisissable, et contre lui je me sens une révolte féroce, une âme de révolutionnaire qui jamais ne prendra son parti de ce crime si souvent répété.

Deux jours plus tard, nous montâmes au cimetière, moi trottinant aux côtés de mon grand-père qui avançait secoué par les sanglots. Je sens encore sa large main, qui tenait la mienne, agitée par des mouvements convulsifs... Je ne pleurais pas, je réfléchissais, marchant comme dans un abîme de ténèbres qui se serait soudainement ouvert devant moi. On essaya de m'expliquer que la mort venait du bon Dieu : je ne le crus pas, je ne le croirai jamais. Dieu, le Père céleste, l'Auteur de toute vie ! Ah ! non, j'aime mieux croire à l'Assassin mystérieux...

Ce meurtrier, j'ai appris son nom depuis lors, et je le hais d'une parfaite haine. Aucun bonheur n'est possible sur terre tant qu'il ne sera pas arrêté.

Contre lui devrait se former la ligue universelle de ceux qui veulent vivre. Et rien ne m'a paru plus triste, en avançant dans le monde, que l'abdication des hommes devant leur ennemi.

Ni les fausses religions et leur rites si vides, ni l'irréligion et ses stupides plaisanteries, ni les philosophes, ni les savants, ni même les anarchistes ne semblent voir que la clé du bonheur est là : détruire l'Assassin ! Ils ne le proposent même pas. Ils n'ont pas l'air de se douter que ce soit possible. Et pourtant, hors de là, je vous le demande, qu'est-ce que la vie, et à quoi bon se passionner pour le progrès, pour la justice, pour des idées, puisque, tout à l'heure, il nous faudra aussi râler, mourir et descendre dans une fosse, accompagnés par les larmes impuissantes de nos bien-aimés ?

Et voilà pourquoi je suis chrétien, dans le seul sens où ce mot doive être pris : disciple de Jésus-Christ. C'est que Lui est le seul qui ait osé me promettre ce que réclamait mon âme d'enfant, scandalisée par la monstruosité d'un attentat irréparable, ce que réclame plus ardemment encore mon âme d'homme éprise d'immortalité : Lui seul, dis-je, a osé me promettre qu'un jour, bientôt, la Mort ne serait plus ! Ah ! pour cette espérance, que Jésus-Christ soit béni, même si elle n'était que douteuse, car c'est déjà quelque chose que d'espérer !

Mais j'ai appris, de source certaine, que la promesse du Christ s'est déjà réalisée, au moins en partie. L'Ennemi, l'Assassin, c'est le Péché, personnifié dans un être immonde que Dieu tolère pour l'épreuve nécessaire de notre liberté ; cet être, c'est le diable, auquel ne croient plus ceux qui sont ses victimes : triomphe de son habileté ! Et ce meurtrier, auteur de tous les crimes, Jésus-Christ l'a vaincu. Sur la croix il l'a écrasé. Cette victoire est apparue à l'aube du premier dimanche. Le corps de Jésus, — non son esprit seulement, ce serait une revanche insuffisante, — mais son corps qu'on avait ôté, exsangue, de la croix, ce cœur qui avait cessé de battre, ces membres percés par les clous, ce corps est sorti VIVANT du tombeau, on l'a vu. Beaucoup de gens qui n'y voulaient pas croire, l'ont touché, pressé dans leurs bras. Il est resté quarante jours encore au milieu de ses amis. Et ceux-ci, lui parti pour revenir bientôt, ont porté la bonne nouvelle à travers le monde, mourant joyeusement sur les échafauds, les potences et les bûchers pour affirmer que Jésus-Christ a vaincu la mort.

Vous tous qui portez aux cimetières des fleurs et des couronnes qui se flétrissent sous vos pleurs, levez la tête ! Je ne vous invite pas à la résignation fataliste, mais à la sainte révolte. Ne prenez pas votre parti de la mort. N'abdiquez pas devant elle. Ne dites pas : « C'est l'irréparable, l'inévitable, l'ultime défaite qu'il faut accepter. » Non, non ! dites : « C'est un crime, mais la justice vient ! Il vient, celui qui tirera tous les morts de leurs sépulcres, abolira les cimetières et vengera la race humaine ! Ah ! pour que nos corps ressuscitent en gloire, et pour que nous connaissions enfin la Vie dont nous n'avons ici-bas qu'une ironique image, donne-nous, ô Christ, dès maintenant, la victoire sur le Péché »

7
Le ver luisant

I

Est-il rien de plus hideux qu'un ver de terre ? Ce mot symbolise la corruption du sépulcre, il exprime le dernier degré de la faiblesse et de l'indignité.

L'autre soir, cependant, par une belle nuit d'août, j'ai vu scintiller dans une touffe d'herbe, au pied des grands arbres noirs, une petite lampe phosphorescente. Rien ne saurait rendre l'éclat particulier qu'elle projetait ; cette lumière n'avait rien de terrestre, on eût dit une émeraude animée. Nous nous penchâmes, c'était un *ver luisant*.

Placé sur notre main, il ne s'éteignit point : il répandait jusqu'à un mètre ou deux une clarté très appréciable dans les ténèbres de la forêt. Finalement, après l'avoir admiré, nous le déposâmes au bord de la route, où il continua de luire : « Remets la mouche à feu dans le buisson où tu l'as prise, » dit le proverbe indien.

Le lecteur s'étonnera peut-être que j'offre un pareil sujet à ses réflexions. Des vers luisants, qui n'en a vu ? Voilà bien un grand miracle, en vérité !

Oui, c'est un grand miracle, si vous donnez à ce mot son vrai sens, car c'est un signe de la puissance et de la bonté du Dieu créateur. Dans le ver luisant, dans la mouche à feu, éclate la vérité des paroles évangéliques : « Dieu élève ce qui est abaissé ; il fait grâce aux humbles, il se sert des faibles pour humilier les forts. »

II

Par les nuits voilées, l'Indien d'Amérique se sert de ces insectes lumineux pour éclairer sa route. Au Mexique, dit-on, les grandes dames, dédaigneuses des vulgaires diamants, ornent leur chevelure d'insectes phosphorescents emprisonnés dans une gaze transparente ; on assure que l'effet produit par ces joyaux vivants est prestigieux. Ainsi, l'être le plus infime éclaire l'homme sur sa route, pare la femme pour les fêtes mondaines ; et ni l'un ni l'autre, peut-être, ne voient quel soufflet reçoit leur orgueil ou leur vanité…

Quel encouragement pour ceux de nous qui se sentent peu de chose, et se demandent à quoi ils sont utiles dans la vie !

Le ver de terre devient étoile ; et vous, mon frère, pourquoi n'auriez-vous pas aussi votre rayonnement ? Croyez-moi, tous les êtres ont leur minute de beauté, de fécondité, de gloire ; il leur suffit d'obéir aux lois de leur vraie nature. Votre heure viendra, si vous vous soumettez à la loi de Dieu, et cette heure sera éternelle : « Ceux qui en auront amené plusieurs à la justice brilleront comme des étoiles à toujours et à perpétuité. »

Impossible de ne pas se rappeler l'exclamation douloureuse du Messie, dans le psaume prophétique : « Mais moi, je suis un ver, et non point un homme. » A quel moment parle-t-il ainsi ? C'est au moment où il est rejeté par le peuple, cloué sur la croix, écrasé par la souffrance… Et c'est justement alors qu'il devient la Lumière du monde, lumière dont l'éclat va grandissant, et atteint aux extrémités de la terre…

La clarté qu'émet le ver luisant laisse dans l'ombre son pauvre corps informe et incolore. Vous ne voyez pas d'où elle émane ; il faut vous pencher, prendre la chose en main, pour voir enfin la petite masse noire d'où jaillit cette phosphorescence. L'astronomie nous apprend qu'à l'autre extrémité des choses créées, le soleil, ce corps infiniment grand, ressemble au ver infiniment petit : il se compose d'un globe ténébreux entouré d'un vêtement de flamme. En haut comme en bas, c'est la même leçon : d'effacement et d'humilité.

La lumière du ver luisant est émise du dedans au dehors, il ne l'emprunte pas à son milieu ; au contraire, il ne luit que lorsque tout est noir. D'où vient cette splendeur royale au pauvre ver couleur de glaise ? Non, certes, de la matière dont il se nourrit ! Pourtant, cette lumière n'est point fantastique ; elle est bien matérielle ; mais d'une matière impondérable, que les instruments les plus délicats ne peuvent ni peser, ni analyser ; matière sublimisée par un procédé qui est le secret de Dieu seul, en sorte que le ver aussi pourrait dire : « Je brille, non pas moi pourtant, mais la lumière de Dieu qui rayonne de moi. »

Le Dieu qui tire ainsi sa gloire d'un ver de terre, et transforme sous nos yeux, dès ce monde imparfait, la matière la plus vile en substance éthérée, ce même Dieu, par sa Parole qui « vit et demeure éternellement, » et qui est « la vie et la lumière des hommes, » principe de toute naissance et de toute renaissance, ce Dieu, dis-je, peut transformer, dès ce monde, la plus misérable des créatures humaines en un être de beauté céleste. Il l'a fait par son Évangile, où éclate la splendeur du Christ en son abaissement : Zachée le péager, la femme samaritaine, Madeleine, le larron converti, le bourreau Saul de Tarse et tant d'autres, que furent-ils ? Des vers brillant par la grâce de Dieu ! Et le croyant qui lit ces lignes, comme celui qui les écrit, n'ont-ils pas été transformés par la grâce, qui sans anéantir encore le vieil homme, l'enveloppe pourtant, et le fait disparaître sous un vêtement de lumière ?

Un mot, maintenant, à l'adresse de ceux qui n'ont pas encore cru au Crucifié :

Vous ne sauriez pas distinguer en plein jour le ver qui brillera ce soir du ver qui ne brillera jamais : car tous ne sont pas lumineux, et la lumière est leur seule différence. Ainsi, dans la vie ordinaire, on ne distingue pas toujours le vrai chrétien du formaliste, l'homme régénéré de l'honnête homme irrégénéré. Mais vienne la nuit, je veux dire le deuil, la maladie, la mort : alors paraît la beauté de la vie chrétienne.

Vers de terre les uns et les autres, de quelle famille sommes-nous ? De ceux qui luisent et brilleront éternellement, ou de ceux qui sont ténébreux et le seront toujours ? C'est de nous que cela dépend : un regard vers Jésus, un regard de foi, de repentance et d'amour, et voilà le grand miracle accompli.

Cette conversion merveilleuse n'est pas le dernier mot de la grâce : l'Écriture nous apprend qu'un jour la substance même de nos corps sera transmuée, deviendra lumineuse et diaphane, pareille au corps du Christ montant au ciel aux yeux de ses disciples, ou à ceux de Moïse ou d'Elie sur la montagne de la transfiguration… Impossible ? Qu'y a-t-il donc de plus incroyable dans cette promesse, que dans le fait du ver qui, chaque soir, en été, se fait une robe de feu ?

Une dernière remarque :

Le ver de terre devient lumineux, en vertu de la loi sublime de l'amour. La nature a voulu illuminer ainsi la fête nuptiale du pauvre insecte ; à d'autres êtres chétifs (certaines fourmis, par exemple) elle donne des ailes à ce moment sacré...

Et c'est aussi l'amour, — mais combien supérieur à celui qui n'est qu'un instinct de la nature, — qui transforme l'être humain comme je viens de le dire. Quand l'amour qui brille au Calvaire s'allume en nous, nous sommes créés de nouveau, à l'image de Dieu, pour les bonnes œuvres. Et cet amour-là dure plus d'une heure, plus d'un été, plus que la vie présente : car il est la vie éternelle.

8
Le fleuve

Un enfant de sept à huit ans habitait avec son père, veuf, ivrogne et brutal, le quartier de la place Maubert, à Paris. L'homme partait de bonne heure, laissant à l'enfant, pour sa journée, une croûte de pain et la clé des champs, si l'on peut employer cet euphémisme pour désigner les rues noires de ce vieux quartier.

Aussi le petit garçon ne bornait-il pas son vagabondage à ces tristes rues. Le lieu qu'il fréquentait de préférence, c'était le bord de la Seine. Il descendait sur les bas-ports et, en temps de pluie ou de grand soleil, s'asseyait sous les ponts. D'humeur bizarre, un peu sauvage, curieux et réfléchi, il était intrigué par le fleuve.

Ce boulevard qui marche, immuable dans sa constante mobilité, ces flots aux couleurs changeantes, dont la voix ne se tait jamais, d'où venaient-ils, où allaient-ils ? Il suivait du regard les remous qui se forment incessamment à la surface de l'eau, les petites épaves que la Seine charrie toujours, et il se perdait dans ses pensées.

Sa raison ne lui offrait aucune hypothèse satisfaisante. Il savait comment on perce une rue, comment on plante des arbres ; cela, ce sont des hommes qui le font. Mais il n'avait jamais vu qu'on portât de l'eau à la Seine. Et cependant, elle coulait toujours, même quand il ne pleuvait pas !

— Dis donc, Victor, demanda-t-il un jour à un camarade qui allait à la laïque, dis-moi d'où vient la Seine ?

— Quelle bêtise ! répondit l'oracle ; de Bercy[a] donc !

— Et où va-t-elle ?

— Tu vois bien que c'est à Auteuil, puisque c'est écrit sur les bateaux-omnibus !

— Qui l'a faite ?

— Ça, par exemple, tu m'en demandes trop. Ce n'est pas moi, pour sûr ! Elle a toujours existé et elle existera toujours.

Victor n'en dit pas davantage. « Bercy, Auteuil ! se dit l'enfant. Ce ne doit pas être loin. Il faudra que j'aille voir. »

Le petit garçon se dirigea donc vers Bercy. Il y arriva, après une longue marche ; mais, hélas ! parvenu aux fortifications, il vit la Seine aussi large, aussi placide, aussi mystérieuse que jamais. Aussi loin que ses yeux pouvaient voir, elle s'étendait, brillante au soleil.

Il revint tristement sur ses pas, toujours absorbé par le grand problème. Le lendemain matin, il partit pour Auteuil.

Sa route fut plus longue encore, et cette fois il n'était pas soutenu par l'espérance. Aussi ne fut-il pas surpris lorsque, arrivé au viaduc du Point-du-jour, il vit que le fleuve ne s'arrêtait pas. Mais sa tristesse s'en augmenta. Il s'assit sur le quai, et la fatigue, la faim, le désappointement surtout, amenèrent des larmes dans ses yeux.

Un bon bourgeois, qui cherchait un emplacement convenable pour s'y installer avec sa ligne, qu'il tenait à la main, et un livre qui sortait de sa poche, vit les larmes du pauvre petit. Il s'approcha, lui parla avec bonté, l'interrogea. L'enfant, d'abord, avait honte de sa

---

a. Pour nos lecteurs qui ne connaissent pas Paris, disons que Bercy est le quartier extrême à l'est, et Auteuil, à l'ouest de la capitale.

tristesse ; il avait peur qu'on ne se moquât de lui. Cependant, il finit par tout raconter au brave homme.

« Pauvre enfant ! dit celui-ci quand l'histoire fut finie. Tu veux savoir… tu as raison et tu es plus sage que ceux qui se moquent de toi. Et bien, écoute ! Plus loin que Bercy, plus loin que Charenton, si loin qu'il faudrait des semaines à tes petites jambes pour t'y porter, il y a des montagnes plus hautes que la butte Montmartre et que les coteaux de Meudon qui sont devant nous. C'est là que la Seine a sa source. Elle jaillit avec une grande force, quoiqu'elle ne soit d'abord qu'un grand ruisseau qui peu à peu augmente, parce que d'autres ruisseaux viennent se joindre au premier. Elle descend dans la plaine, arrose des champs, des villes, reçoit de larges rivières, arrive enfin à Paris.

— Et avant de sortir de terre, où était l'eau ?

— Au ciel, mon enfant.

— Au ciel ?

— Oui, je t'expliquerai cela tout à l'heure. Maintenant, regarde la Seine. Elle quitte Paris plus sale qu'elle n'y est venue ; mais les souillures qu'elle emporte, elle les déposera en route. Elle marche ainsi longtemps, longtemps, arrose d'autres villes, d'autres campagnes, jusqu'à ce qu'enfin, près d'une ville qu'on nomme le Havre, tu ne la reconnaîtrais plus. Elle est si large qu'on voit à peine ses bords, et son eau devient salée.

Le petit homme ouvrait de grands yeux.

— C'est là que s'ouvre un bassin immense dont on ne peut se faire une idée. On l'appelle la mer. Il est si grand que de grands bateaux y voguent pendant des mois entiers sans voir les rives, et si profond que les plus hautes montagnes y disparaîtraient sous les flots. Ses eaux sont salées, sans quoi elles se corrompraient. C'est Dieu qui l'a voulu ainsi. Là se jettent tous les fleuves du monde.

— Et la mer n'est jamais trop pleine ?

— Non, car il y a une multitude de porteurs d'eau qui y puisent sans cesse pour aller alimenter les sources des rivières.

— Des porteurs d'eau ! s'écria le petit garçon. J'en connais ; il y en a dans notre maison.

— Ah ! mais ce n'est pas de ceux-là que je veux parler. Regarde au ciel… vois-tu ces nuages ? C'est eux qui vont chercher l'eau à la mer ; ils sont tout entiers formés d'eau qui voyage et va, poussée par le vent, portée par l'air, se déverser en pluie sur les plaines et les montagnes pour revenir à la mer sous forme de ruisseaux et de fleuves.

L'enfant ouvrait tout grands ses yeux et ses oreilles. Il était confondu. Il ne comprenait certes pas ce qu'on lui disait ; pourtant il avait confiance. On n'invente pas des choses pareilles.

— Et qui donc a fait tout cela ? Qui a creusé la mer ? Qui a dit à l'eau de couler ? Qui fait courir les nuages ?

Le vieux monsieur se découvrit, et, lui montrant le ciel :

— C'est Dieu, mon enfant.

Alors, d'une voix très douce et d'un ton recueilli, le vieillard révéla au petit païen de Paris le mystère des mystères. Il lui parla de Celui qui a fait toutes choses, et qui était avant qu'elles fussent. Il lui parla de Lui comme d'un Père. Et quand ils se quittèrent (non sans se donner un autre rendez-vous), l'enfant sentit qu'il était entré dans un autre domaine ; qu'il était environné d'un monde au milieu duquel il avait marché sans le voir ; la voix des flots mystérieux et changeants avait désormais un sens pour lui.

Lecteur, vous ressemblez à cet enfant dont l'ignorance vous fait sourire. Vous êtes vous-même un fleuve mystérieux qui passe à travers le monde sans que vous puissiez savoir son origine et sa fin.

Vous consultez les philosophes, ils vous répondent : « La vie commence au berceau et finit à la tombe. » Réponse digne de la Palisse et qui n'est pas plus vraie pour cela. Non plus que celle-ci, qui fut un temps si populaire : « La vie est un produit de la matière. » Oui, comme les sources sont un produit du sol.

Mais de même que l'eau qui sort de la terre vient du ciel, de même toute vie vient de Dieu. On ne trouvera jamais de réponse plus rationnelle que celle-là.

A quoi aboutit notre vie ?

Dire qu'elle finit à la mort, c'est dire une absurdité. Le mot de mort est un vocable dont nous couvrons notre ignorance.

La mer, ce grand sépulcre, ne retient pas ses flots : ils s'élèvent sans cesse, attirés par le soleil, dans une glorieuse résurrection. Ainsi les profondeurs amères de la mort ne sauraient nous retenir captifs : après avoir été dépouillés des souillures qu'ici-bas nous traînons après nous, nous remonterons vers Dieu, notre source.[a]

Ah la souillure, voilà la cause de notre ignorance ! Des eaux noires ne reflètent la lumière qu'imparfaitement ; des cœurs im-

---

[a]. Le poète l'emporte ici sur le théologien ; après avoir magnifiquement commencé l'image prend des teintes hindouistes… (ThéoTEX)

purs ne peuvent connaître la vérité. Qui purifiera nos cœurs, qui dégagera le divin qui dort en chacun de nous?

Quand le soleil paraît sur flots agités de la mer, ou sur les eaux stagnantes des marais, on voit un brouillard léger s'élever au-dessus d'elles. Le soleil, ce grand chimiste, transforme ces eaux lourdes ou boueuses en un nuage blanc et pur qui s'irise à ses rayons et décompose sa lumière. Tout ce qui ne peut monter reste dans les bas-fonds; mais on voit s'élever dans les régions sereines, pour redescendre plus loin en bienfaisante rosée, l'eau pure que le soleil a retirée du bourbier ou de l'abîme.

Ainsi s'est levé sur nos âmes le Soleil de justice et d'amour, Jésus-Christ, Dieu révélé en chair. De la croix où il rayonne, il appelle à Lui les cœurs souillés, les âmes mortes. C'est de là qu'il attire tout ce qui est fatigué du péché, alourdi par le mal, touché par le remords. Il transforme quiconque le regarde. Cette goutte de rosée dont parle le poète:

> Perle avant de tomber et fange après sa chute! [a]

Toute poésie humaine, hélas! s'arrête là, redevient une perle divine quand la grâce de Dieu a brillé sur la fange. Que de vies flétries par le crime sont devenues heureuses et utiles par cette rénovation! L'innombrable multitude des pécheresses repentantes et des péagers convertis forme autour du Christ une auréole, une nuée lumineuse où se reflètent ses perfections.

« Regardez à Lui, vous tous les bouts de la terre, et soyez sauvés. »

---

a. Vers extrait d'un poème de Victor Hugo, *Oh! n'insultez jamais une femme qui tombe*. (ThéoTEX)

Le fleuve peut encore nous enseigner quelque chose : c'est que nul de nous ne vit pour soi-même.

La Seine passe au milieu de Paris, mystérieuse étrangère, reflétant bien plus l'azur ou les étoiles que ce qui se voit sur ses bords. Elle a sa vie solitaire, indépendante ; elle n'est pas gouvernée en ses fluctuations par M. le préfet de police. Sa voix, qu'on n'entend bien que quand les autres se taisent, semble dire : « Je marche et nul ne me retiendra ! » Pourtant elle est le plus utile et le plus sillonné de nos boulevards ; elle arrose nos rues, elle emporte au loin nos souillures.

Ainsi le vrai chrétien passe à travers le monde, étranger et voyageur, reflétant bien plus le ciel que la terre, et rien ne l'arrête ici-bas : il a sa pente naturelle, il faut qu'il aille vers son Dieu ! Cependant, il est le plus utile serviteur de l'humanité, qui ne vivrait pas sans lui.

Le chrétien est cela, parce que Jésus-Christ l'a été, l'est encore, le sera jusqu'à la fin. La vie, la Parole, l'Esprit, l'Eglise de Jésus-Christ, voilà le fleuve qui purifie la terre, embellit ce pauvre monde ! Que cette parole disparaisse, que cet Esprit se retire, et l'humanité mourra bientôt ; la terre ne sera plus qu'un aride désert. Heureux qui rencontre ce fleuve sur son chemin ! Heureux qui s'y penche pour y laver son âme ! Heureux qui vit paisible sur ses bords !

9
La Maison de l'esprit

Qui de nous n'a rêvé d'être propriétaire d'une maison qu'il aurait lui-même fait construire à son goût[a]? C'est peut-être l'une de nos grandes misères, que la nécessité où nous sommes pour la plupart de vivre en des logis de passage. Le temps viendra, espérons-le, où il paraîtra aussi simple et aussi nécessaire de posséder sa maison que de porter des habits à soi.

Mais, en attendant que ce degré de civilisation soit atteint, pourquoi chacun de nous ne bâtirait-il pas la *Maison de son esprit*?

Trop de gens se contentent de n'avoir qu'un gîte d'emprunt, je veux dire des opinions et des principes, ou plutôt des préjugés, qui leur sont venus tout faits de leurs aïeux, de leurs maîtres ou de leur journal, et qu'ils ne se sont jamais donné la peine d'examiner. Ce sont ces gens qui se montrent parfois entêtés jusqu'à la sottise dans leur attachement à des erreurs évidentes, et parfois mobiles jusqu'à la frivolité dans les fluctuations. de leurs idées.

Il n'est cependant pas nécessaire d'être riche, ni érudit, ni même lettré ou homme de loisir pour ériger la Maison de l'esprit. Pour être soi, et pour être chez soi, il n'est besoin que de vouloir avec sincérité et persévérance.

I

---
a. Allocution prononcée à la Fête de la jeunesse, à l'Oratoire, le 11 mai 1899.

Et d'abord, cette Maison, où la bâtirons-nous ?

N'allez pas, je vous en conjure, élire domicile sur les grands boulevards, aux carrefours bruyants où la foule se presse du matin au soir, et même du soir au matin. Le spectacle continuel que vous auriez sous vos fenêtres deviendrait bientôt un supplice pour votre esprit, qui a besoin de solitude et de recueillement. Vous seriez toujours hors de chez vous, dans la fièvre du travail infécond ou l'agitation du plaisir factice. Non, non ! L'existence mondaine n'est pas la vie ; on ne peut s'y plaire qu'à la condition d'être mort à la vie véritable. Ils sont nombreux, cependant, ceux qui n'ont de joies, d'occupations et d'idées que celles qu'ils empruntent à la multitude ; âmes superficielles qui confondent le bruit avec l'action, et le rire faux avec le vrai bonheur.

Mais n'allez pas à l'autre extrême, comme l'ont fait beaucoup de ceux que la vie mondaine n'a pu séduire, ou qu'elle a déçus ; n'allez pas choisir, pour y habiter, les hauteurs froides et désolées de la raison abstraite, de la science morte, de l'orgueilleuse philosophie. Les neiges éternelles ne sont pas faites pour la demeure de l'homme ; comment vivrait-il où rien ne peut croître ? Sans doute il est salutaire d'aller au sommet des montagnes chercher l'air pur, les vastes panoramas de la terre et les merveilles du ciel ; mais il faut en redescendre bientôt pour se mêler à l'humanité, afin de dépenser à son service les forces que l'on a reconquises loin d'elle.

C'est pourquoi je vous conseille de bâtir la Maison de l'esprit à mi-côte, entre la plaine où grouille la multitude et les sommets où règne la solitude, entre la terre et le ciel, entre l'homme et Dieu : assez près du premier pour lui porter secours au premier appel, assez près du second pour qu'il vous entende aussi et vous secoure, quand vous aurez besoin de Lui. Car « l'homme, a dit Pascal, n'est ni ange ni bête. » Il n'est pas un ange, pour vivre au-dessus des nuages ; il n'est pas une bête, pour se plaire aux choses viles. Ni ange ni bête, mais chrétien, c'est-à-dire homme de Dieu, intermédiaire entre l'homme et Dieu.

Jadis, au-dessus et quelquefois au milieu des villages, s'élevait la tour du seigneur, séparée des autres habitations par un fossé qui entourait la motte sur laquelle la tour était assise. En principe, cette tour était destinée à protéger les pauvres paysans contre les agressions si fréquentes en ce temps-là ; le seigneur féodal, gardien et défenseur de ses vassaux, devait leur ouvrir sa demeure à la moindre alarme. L'église jouait le même rôle ; elle était l'asile qu'on ne pouvait violer sous peine de sacrilège. Ainsi les chrétiens sont les rois et les prêtres du monde ; ils érigent, au milieu des faiblesses et des crimes, la noble tour de la foi et de l'espérance, ouverte à tout venant ; ils rassurent, consolent et sauvent l'humanité.

II

Ce n'est pas qu'il faille nécessairement donner à la Maison de l'esprit la forme d'un château ou d'une église : plus elle sera laïque et moderne, plus elle remplira le rôle magnifique dont je viens de parler. Sur quels plans faudra-t-il donc la construire ? Telle est notre seconde question.

Mais avant de commencer à bâtir, laissez-moi vous rappeler qu'il est certaines règles immuables auxquelles vous ne sauriez vous soustraire. Forteresse ou maisonnette, votre maison ne pourra être solidement bâtie sans l'aide de l'équerre, du niveau d'eau et du fil à plomb. L'essentiel n'est pas qu'elle soit grande, mais qu'elle soit droite : quelle que soit l'étendue de votre esprit, c'est sa rectitude qui importe le plus. Un homme de conscience sans génie est toujours bienfaisant ; un homme de génie sans conscience est le fléau du monde.

Gardez-vous de deux travers, presque aussi communs l'un que l'autre et funestes tous les deux. Le premier, c'est la servilité dans l'imitation ; le second, c'est la fausse originalité, la bizarrerie. La peur excessive d'être « singulier » n'est pas moins blâmable que la recherche de la singularité. Il ne faut pas faire une chose, ni refuser de la faire, uniquement parce que d'autres la font.

Ces grands principes dûment respectés, il nous est loisible de bâtir la Maison de l'esprit selon nos goûts, nos facultés et surtout notre vocation.

Ne se préoccuper de la façade que dans une certaine mesure. Beaucoup d'édifices n'ont guère autre chose ; ils sont jolis, mais inhabitables. L'Esprit pourrait en dire autant de plusieurs d'entre vous, peut-être, jeunes gens et jeunes filles, que leur extérieur préoccupe infiniment plus que tout le reste. Ce n'est pas que je veuille médire de la toilette, si l'on entend par ce mot le soin légitime du corps qui, n'étant pas une guenille, ne doit pas être en guenilles. Mais ce soin peut être facilement exagéré, tandis que l'aménagement intérieur de notre être est négligé tout aussi facilement.

On soigne la façade au détriment de l'intérieur, lorsque, même sans être vaniteux de sa personne, on donne plus d'importance à la vie matérielle : au bien-être, à la fortune, à la position, qu'à la vie morale, aux qualités du cœur et de la conscience.

Je connais un album unique, où sont représentées, — quelquefois par un simple croquis, le plus souvent dans le plus grand détail, — quelques-unes des plus belles Maisons de l'esprit qui aient jamais existé depuis les temps les plus reculés. Consultez-le! je ne vous dis pas de copier servilement telle ou telle vie, mais je vous engage à emprunter à toutes ces nobles âmes les principes qui les ont guidées.

Cet album, c'est la Bible, où se trouvent racontées les vies héroïques et saintes des Abraham, des Joseph, des Moïse, des David, des Daniel, et celles de Paul, de Pierre, de Jean : voilà des modèles !

Et au-dessus d'eux tous s'élève la pure et parfaite Maison de l'Esprit, le temple de Dieu parmi les hommes : Jésus-Christ ! Inimitable, direz-vous. Vous vous trompez. Jésus, notre Sauveur, est aussi notre Exemple ; il est notre Exemple parce qu'il est notre Sauveur ; la puissance de sa mort nous rend capables d'imiter sa vie.

Ayez donc, à l'exemple de Jésus, des apôtres et de tous les saints réels, une chambre en votre Maison spirituelle pour le grand travail de la vie : la prière et la communion avec Dieu. Sans l'activité cachée des racines, la plante n'aurait ni sève ni fleurs ; sans le travail intérieur de la prière, toute œuvre, même religieuse, est factice, inféconde, mauvaise. Tout palais a son oratoire ; l'édifice de votre vie doit avoir le sien : ce sera le quart d'heure matinal consacré à Dieu, ce sera le dimanche tout entier, le dimanche, jour où le ciel visite la terre et se confond avec elle, pour qui sait faire de ce jour-là l'usage voulu de Dieu.

Ayez aussi la chambre des délassements, où vous cultiverez tout ce qui, sans être sacré au sens religieux du mot, est encore moins profane : la nature, les arts, les livres, tout ce que Dieu a fait ou permis, pour sa gloire et pour notre bien. C'est une existence bien décolorée que celle où ne se trouve jamais une heure pour jouir du printemps, de la musique et de la poésie. Bien loin d'être contraires à la sainteté de la vie, ces choses y contribuent, et je plains celui qui n'y voit que dangers et pièges du diable. Car Dieu n'a pas voulu que la Maison de l'esprit fût la prison de l'esprit, l'étroite casemate du soldat, la cellule du cénobite, mais plutôt la demeure large, aux grandes fenêtres ouvertes sur tous les points de l'horizon, par lesquelles entrent tous les souffles du ciel, et dont la noble joie fait envie aux esclaves du monde.

Ayez la chambre d'amis; que ce soit la plus gaie de toutes, et qu'elle ne soit jamais vide. Non pas que votre Maison doive être une hôtellerie banale : les amitiés trop faciles ne valent guère, et ce qu'il y a de plus rare ici-bas, c'est un véritable ami. Heureux David, — même persécuté, honni, traqué à mort, — s'il a trouvé son Jonathan!

Parlerai-je d'une partie essentielle de la Maison, qu'un sage architecte ne néglige jamais? Le sujet ne sera peut-être pas poétique, mais la vie est faite de réalités. Eh bien, oui, je parlerai du sous-sol. C'est là que, si vous n'y prenez garde, s'engendreront les miasmes pestilentiels, l'humidité traîtresse. Une belle façade, une installation confortable ont leur importance; mais à quoi sert tout cela si la fièvre et la peste résident au cœur même de la maison, montent par les canaux dissimulés dans les murailles, et tuent les habitants?

Voyez à quelle source les hommes d'aujourd'hui, — l'homme civilisé surtout, — puisent leur joie. Pour fêter dignement leurs amis, ils ne se contentent pas des fleurs et des rayons; la musique et les arts ne suffisent pas à les charmer. Il leur faut l'ivresse folle, qui devient bientôt l'ivresse sombre et brutale. Leur provision de gaieté est déposée au fond de leur cave, sous une ignoble couche de poussière et de toiles d'araignées que l'on exhibe religieusement aux convives avant de leur verser la précieuse liqueur, Bordeaux, Champagne ou Chambertin.

Dans la Maison de l'esprit, c'est le cœur qui correspond à la partie souterraine de l'édifice ; c'est de lui que montent les inspirations, bonnes ou mauvaises. « Car c'est du cœur que procèdent les sources de la vie. » C'est de lui que sortent les mauvaises pensées, les convoitises coupables, qui peu à peu asservissant la volonté, se traduisent bientôt en actes criminels. Jeunes gens, ayez avant toutes choses un cœur honnête et sain. Descendez tous les jours dans ce for intérieur, ayant en mains la lampe de la Parole divine, pour en chasser tout ce qui rampe et se plaît aux ténèbres ! Le cœur a horreur du vide : remplissez-le de nobles affections, de passions viriles, de saints enthousiasmes, et s'il plaît à Dieu, cachez-y un pur et grand amour qui durera autant que votre vie. L'amour de Dieu d'abord, puis toutes les formes de ce sentiment sacré, voilà le vin qui réconforte, rajeunit, et seul rend immortel !

Le livre des Proverbes de Salomon contient une description de la femme parfaite, dans laquelle se trouvent ces mots : « Sa lampe ne s'éteint point pendant la nuit. »

Voilà une perfection redoutable, si ces mots signifient que la femme idéale veille et travaille nuit et jour, sans trêve ni repos. Mais, Dieu merci, ce n'est pas là le sens de cette phrase. Il est d'usage en Orient, de temps immémorial, de laisser pendant la nuit dans le vestibule une lampe allumée dont la petite flamme brille joyeusement aux yeux des passants attardés. Est-ce le symbole de l'amour qui veille ? Est-ce la flamme destinée à écarter les rôdeurs, les bêtes fauves et les mauvais esprits ? Ou la lumière amicale qui doit éclairer le voyageur égaré ? C'est peut-être tout cela, et d'autres choses encore. Et je voudrais tirer de cette poétique coutume une leçon pour nos femmes, nos filles et nos sœurs. Vous qui êtes le charme de la maison, vous sans qui elle serait, malgré tout son luxe, vide et désolée pour nous, ô femmes, tenez allumée la lampe de la bienveillance ! Riche ou non, que votre demeure soit toujours hospitalière ! Que les malheureux et les découragés sachent par vous que tout n'est pas perdu encore, et quand tout semble fermé, sauf la tombe, que votre cœur, du moins, leur soit ouvert !

III

Peut-être aurais-je dû commencer par où je vais finir. Mais en vérité, on ne sait, en matière de construction, ce qui est le plus essentiel : l'emplacement, le plan, ou les matériaux à employer.

Les matériaux !

Avec quoi bâtirons-nous la Maison de l'esprit ?

Saint Paul, qui a employé longtemps avant nous notre comparaison, parle d'édifices construits avec « du foin, de la paille et du chaume. » Des fous et des enfants peuvent seuls employer de telles substances, combustibles au premier chef ! Il se trouve pourtant des gens soi-disant raisonnables qui bâtissent ainsi.

Foin, paille et chaume — l'édifice de notre vie religieuse, si notre religion n'est faite que d'opinions probables, d'hypothèses et de « peut-être. »

Foin, paille et chaume — si notre vie morale n'est faite que de nos bonnes œuvres, de notre honnêteté, de nos vertus naturelles.

Foin, paille et chaume — si nos espérances pour l'éternité ne reposent que sur la parole des hommes, ou sur nos propres efforts pour nous rassurer en présence de la mort !

Tout cela ne résistera pas à la secousse finale, ni surtout au grand incendie, au suprême Jugement !

On ne bâtit pas avec des choses pareilles — il faut la pierre rugueuse mais solide de la Vérité absolue, de la Sainteté parfaite et de l'Assurance divine. Il faut bâtir sur le Roc avec des quartiers de Roc.

« Tu es pierre, et sur cette pierre je bâtirai mon Église, » a dit Jésus. Ce qui signifiait : « Je suis le Roc sur lequel il faut bâtir, et pour former un même édifice avec moi il faut que toi, mon disciple, tu sois de ma nature : roc sur roc ! Avec le ciment de la foi, l'édifice sera indestructible. »

Jésus est donc à la fois le rocher sur lequel la Maison de l'esprit s'édifie, et la carrière qui fournit les matériaux de cette construction. C'est en Lui que nous croyons : voilà pour les fondements. Et c'est à Lui que nous demandons de nous fournir nos idées, nos doctrines, d'inspirer tous nos actes : voilà pour les pierres.

Jeunes gens, plutôt que de bâtir sur autre chose, et avec autre chose, que ce roc de la vérité absolue, mieux vaudrait renoncer tout de suite à un labeur inutile. Croyez-moi, il vaut la peine de passer sa vie entière à creuser, sans cesse, pour trouver le sol solide, même s'il faut, en attendant, passer ses nuits à la belle étoile. Cherchez la Vérité avant d'entreprendre quoi que ce soit : vouez-vous à cette recherche comme le mineur se voue à son travail souterrain pour chercher l'or qui, pour lui, est la vie ! Creusez ! car vous n'avez que la vie présente pour trouver le fondement, tandis que l'éternité vous reste, à la rigueur, pour bâtir dessus.

D'ailleurs, la Vérité est-elle si difficile à trouver ? Le roc ne vient-il pas de lui-même s'offrir à nos regards, dans l'Évangile ? Faut-il creuser si longtemps pour découvrir et reconnaître Dieu en Jésus-Christ ?

Enfin, l'édifice est debout, — je ne dis pas achevé, puisque le temps n'est qu'un commencement de l'éternité. Il est debout, cependant ! Mais que deviendra-t-il à l'heure de notre mort ? En sera-t-il de cette Maison de l'esprit, que nous aurons pris tant de peine à bâtir, comme de toute œuvre d'homme, caduque et périssable ? Non, non !

Lorsque le Riche de la parabole partit pour l'autre monde, il laissa derrière lui son palais et ses richesses et descendit nu dans l'Hadès. Mais le pauvre Lazare, quand il fut porté par les anges dans le sein d'Abraham, monta au ciel avec sa Maison, cette Maison de l'esprit qu'il avait érigée ici-bas avec sa foi, sa patience, sa charité et son humilité.

Et nous aussi, chrétiens, nous partirons avec notre Maison, et nous irons l'achever plus haut ! C'est pourquoi posons-la sur le fondement solide, bâtissons-la suivant le divin Modèle, et n'employons que des matériaux qui soient à l'épreuve du feu éternel.

> De saintes actions et de nobles paroles,
> Jeunesse, bâtissez l'idéale Maison
> Où logeront la Foi, l'Amour et la Raison,
> Ces prêtres éternels des temples sans idoles !

10
Un beau dévouement

Une histoire vraie, quoique invraisemblable.

Un millionnaire américain avait, parmi ses employés, un homme très capable, mais très ardent à propager les doctrines socialistes. Ce patron mit à la porte ce serviteur compromettant, bien qu'il n'eût pas à lui reprocher une infidélité ou une inexactitude dans son travail. Mais ses idées ne lui convenaient pas, ni la franchise avec laquelle il les répandait. Le dur capitaliste chassa l'homme, sans se préoccuper de ce qu'il deviendrait, sans réfléchir qu'un traitement pareil ne pouvait qu'exaspérer le malheureux et l'égarer davantage dans la voie des revendications violentes et de la haine sociale.

Ce millionnaire avait un fils, converti à Jésus-Christ et animé de l'Esprit de Dieu, et dont tout le temps se passait à faire autour de lui le plus de bien possible, sans se préoccuper des idées politiques de ceux à qui il portait secours.

Un jour, une grève éclata dans la ville de New-York, et cette grève prit de si grandes proportions qu'il y eut collision sanglante entre les ouvriers et la police. Saisi de pitié, voulant à tout prix mettre un terme à ce combat fratricide, le courageux jeune homme se jeta dans la mêlée, avec des paroles de paix adressées aux grévistes, qui le connaissaient et dont beaucoup avaient accepté ses bienfaits. Au premier rang, se trouvait l'agitateur que son père avait renvoyé. Au moment où la police allait charger de nouveau, le fils du capitaliste se plaça devant l'ennemi de son père ; un coup de feu retentit : le jeune homme tomba, victime, lui représentant de la classe opulente, de son dévouement en faveur de la classe déshéritée, et spécialement en faveur de l'homme qui haïssait son père et que son père haïssait…

Voilà un beau trait, digne des temps antiques, digne surtout de celui qui l'a inspiré : Jésus-Christ. Car l'Évangile seul avait pu donner à ce jeune homme un tel héroïsme ; lui apprendre à aimer, même jusqu'à mourir pour eux, des hommes qu'une éducation trop partiale lui avait sans doute enseigné à considérer comme ses ennemis naturels.

Cette mort rappelle, quoique de bien loin seulement, le sacrifice accompli par Jésus-Christ en notre faveur : Lui aussi appartenait à un autre monde, à un monde supérieur, et rien ne l'obligeait à se rendre solidaire des malheureux habitants de ce globe. Fils du Maître souverain, le seul Maître dont le pouvoir soit de tous points légitime et ne doive jamais être contesté, car il est parfaitement juste, il a pris parti pour les révoltés, sans les suivre dans leur révolte, mais au contraire afin de les ramener à l'obéissance. Il s'est placé entre la loi et les pécheurs, et le châtiment mérité par eux, est tombé sur Lui. Oh ! quel amour, quel héroïsme, que l'amour et l'héroïsme de la croix !

Ce serait cependant une fausse application de cette histoire employée comme comparaison, si nous voyions dans ce capitaliste sans entrailles une image du Dieu créateur. C'est de cette erreur-là qu'est née la formule célèbre, aujourd'hui acceptée par des multitudes de travailleurs comme l'expression de l'idéale liberté : « Ni Dieu ni Maître » ; formule qui serait blasphématoire, si elle n'était chez la plupart, du moins, excusée par l'exécrable enseignement prétendu religieux qu'on leur a donné dans leur enfance. Sans doute, si Dieu n'était que le plus grand, le plus implacable, le plus cruel des capitalistes, s'il n'avait que des sévérités pour les hommes, ses esclaves, exigeant d'eux plus qu'ils ne peuvent donner et ne respectant pas leur libre arbitre, il faudrait se révolter contre lui ; ou plutôt, il faudrait conclure qu'il n'existe pas.

Mais rien n'est plus faux que cette doctrine ; bien loin que nous soyons réduits à la misère par la privation de notre liberté, nous ne sommes misérables que parce que Dieu a respecté notre liberté, et la respecte encore, même dans ses égarements ; bien loin que Dieu soit le premier de nos tyrans, il fait seul contrepoids à tous nos tyrans ensemble ; qui n'a pas Dieu doit avoir des maîtres, hommes ou choses. Dieu nous a créés, nous, pour avoir, Lui, des objets à aimer, et afin que ces objets fussent dignes de son amour, il les a faits à son image ; nous sommes de sa race par droit de naissance.

Trompés par le mystérieux Serpent, nous nous sommes révoltés, et c'est alors que Dieu, le même Dieu qui nous avait créés, s'est fait homme afin de nous créer de nouveau, en nous donnant, cette fois, une ressemblance plus parfaite avec lui. C'est pour opérer cette création nouvelle que le Fils a pris sur lui notre condamnation et qu'il est mort à notre place. Il nous a ainsi donné Dieu pour Père.

Bénissons-le de tant d'amour, adorons-le avec reconnaissance, attachons-nous à lui de toutes nos forces, et faisons connaître autour de nous la grâce infinie de notre Dieu.

11
Fleur d'Hiver

Le jour le plus court de l'année, c'est le 24 décembre, et souvent c'est le plus froid aussi. Ce jour-là, le soleil ne semble se montrer que pour disparaître ; un immense linceul de neige ou de brume s'étend sur toutes choses ; la nature est morte ou va mourir… Demain sera la nuit, la longue nuit des funérailles.

Erreur ! Demain sera le jour de la résurrection.

Résurrection à peine perceptible, car le 25 décembre est plus long que le jour précédent d'une minute seulement. Minute précieuse ! Ne la méprisons pas, car elle contient un radieux avenir.

Cette minute, c'est la promesse du gai printemps, du renouveau, des champs couverts de verdure, des longs jours d'été avec leurs frais crépuscules. Cette minute, si péniblement gagnée par le soleil moribond, c'est le triomphe de la vie sur la mort.

C'est sans doute à cause de cet admirable symbolisme que les premiers chrétiens choisirent le 25 décembre pour commémorer la naissance du Christ. Nulle tradition certaine ne nous permet de croire qu'il soit né ce jour-là ; mais dans l'ignorance où nous sommes de la date véritable de ce grand événement, nul autre jour n'eût été préférable.

De même que Noël, au seuil de l'hiver, nous laisse déjà entrevoir le printemps, et tandis que tout meurt, entretient au dedans de nous l'espoir que tout va revivre, — ainsi Jésus naquit dans un monde froid et mort, y faisant luire le premier rayon d'espérance, y apportant la première fleur qu'on eût vue depuis bien longtemps. Sa naissance, pourtant, ne fut pas plus remarquée que ne l'est, le 25 décembre, la minute qui s'ajoute à la durée du jour. Il naquit, il vécut, il mourut dans un long hiver… Mais c'est de lui que date l'ère nouvelle ; c'est à partir du moment, inaperçu par les historiens de son temps, où il entra dans l'humanité, que la marche ascendante de notre pauvre monde commence ; la crèche où il fut en hâte emmailloté fut le berceau d'une race régénérée.

Au bord des glaciers où règne un froid perpétuel, où il semble que rien ne puisse vivre, j'ai cueilli la gentiane et le doux myosotis, d'un bleu si pur que son congénère des plaines semble terne et fané à côté de lui…

Et j'ai vu fleurir sous la neige, dans le plus pauvre jardin, la fleur pâle et sans parfum qu'on nomme rose de Noël, toujours bienvenue en cette saison funèbre…

Le Christ fut tout cela en même temps : humble fleur du pauvre jardin, pure fleur des hautes cimes ; il fut sans éclat, et cependant beau de vertu et sublime d'amour ; il vécut dans la plaine avec les fils des hommes et rayonna sur les sommets dans la compagnie de Dieu, jusqu'au moment où un orage — et quel orage ! — s'abattit sur lui et le déracina de la terre…

Mais seulement pour le transplanter au ciel, où, fleur immortelle, il resplendit maintenant devant Dieu.

L'hiver n'est pas fini : depuis dix-huit siècles l'Eglise sous la croix — la seule véritable — attend l'accomplissement des promesses qui furent faites par les anges lors de la naissance du Sauveur ; promesses qu'il renouvela lui-même après sa résurrection.

L'hiver n'est pas fini. Finira-t-il jamais ? L'égoïsme, la haine, tous les vices, toutes les plaies qui désolent la terre — les verra-t-on jamais disparaître ?

Nous perdrions courage, nous désespérerions si le Seigneur ne faisait naître, au fond de nos propres cœurs, une suave fleur d'hiver. O miracle ! chaque âme chrétienne donne asile à la plante céleste. — Il vit, il vit en moi, Celui par qui toutes choses seront bientôt renouvelées ! Qu'importe le froid du dehors, qu'importent les ténèbres ? Mon cœur, comme jadis la crèche, est devenu un jardin royal, tout plein de parfums et de lumière, car là vit et rayonne et grandit sans cesse Jésus, la Fleur du ciel.

12
Vieux habits, vieux galons !

Le marché qui s'élève sur l'emplacement de la tour du Temple, à Paris, est un des coins les plus pittoresques de la capitale. Au rez-de-chaussée, une nuée de marchandes, dont les étalages sont presque aussi coquets que ceux des magasins de nouveautés, environnent, assaillent, tiraillent en tous sens le malheureux, visiteur. Les vêtements qui se vendent là sont propres, et même élégants ; et l'on prétend que beaucoup de petits bourgeois aisés ne vont pas ailleurs pour remonter leur garde-robe.

Mais au premier étage, l'aspect est bien différent. Les marchandises sont étalées sur le carreau : vêtements sordides, passés de mode depuis longtemps, usés jusqu'à la corde… Et cependant, il se fait là aussi des affaires considérables, et tel de ces marchands de « vieux habits, vieux galons », a su mettre de côté une fortune rondelette.

Celui que le crayon de notre excellent ami M. Eugène Burnand a saisi sur le vif, est bien le type de la corporation. Il est vieux et vend des vieilleries : c'est dans l'ordre des choses ; son expression narquoise, l'air dont il étale la redingote fripée qu'il tient en mains, montrent qu'il est revenu de tout et qu'il connaît tous les envers de la société. D'un coup d'œil il juge de la valeur d'un habit… et de l'homme qui le porte ; il sait distinguer la vraie richesse de la fausse, comme un galon d'or d'un galon de cuivre. Et que d'histoires il raconterait, le bonhomme, si on le faisait parler ! Il en a une pour chaque costume qu'il offre à vendre : grandeurs et décadences, folie et misère, drame et comédie, tout cela est entassé pêle-mêle à ses pieds sur le carreau du Temple…

Voici, par exemple, la défroque du dernier mardi gras ; c'est une robe de Colombine, froissée, défraîchie, lamentable. Il y a deux mois à peine, cette robe eut beaucoup de succès dans les bals masqués. Mais, dès les premiers jours de carême, Colombine, grelottante, est venue la vendre : elle était malade, elle toussait ! Aujourd'hui, où est-elle ? Le bonhomme vous répondra avec un haussement d'épaules : « Où voulez-vous qu'elle soit, sinon à l'hôpital ? Neuf fois sur dix, c'est là qu'elles finissent ! »

Voici un uniforme complet d'officier. Un sous-lieutenant en détresse est venu le vendre ici, non sans avoir arraché du collet le numéro du régiment. « Que voulez-vous ? C'était un joueur ; il avait perdu la forte somme ; il lui fallait de l'argent à tout prix ; j'ai eu pitié de lui, monsieur, et je lui ai payé ses galons plus qu'ils ne valent, ajoute le vieux philosophe. Il faut bien faire quelque chose pour l'armée française ! »

Un vieil habit de soirée attire nos regards. Il est râpé ; il a été noirci sur les coutures avec de l'encre, et pourtant, celui qui l'a porté fut un homme d'honneur. Pauvre écrivain, qui n'a jamais voulu prostituer sa plume et a payé son courage de sa vie ; car il est mort, usé par le travail, et sa veuve n'a pu payer ses funérailles qu'en vendant sa défroque !

Quiconque veut prendre une leçon de choses, quiconque veut avoir de l'existence humaine une opinion véritable, doit aller faire un tour au carreau du Temple. Les gloires et les vanités du passé viennent toutes échouer là. Et qu'elles paraissent misérables ! Vaut-il la peine de commettre tant de lâchetés pour paraître quelque chose, et ne vaut-il pas mieux s'efforcer d'être quelqu'un ?

A Londres, il existe un colossal musée de figures de cire, fondé par une femme de la Suisse française, Mme Tussaud, il y a plus de cinquante ans. Ce musée est devenu, pour les Anglais, presque une institution nationale. Il ne se produit aucune illustration en aucun genre qui ne soit reproduite là : M. Gladstone y coudoie M. Disraeli, et tous les deux, dans leur impassibilité de statues, font bon ménage avec M. Bradlaugh. Tous les partis politiques et religieux y sont représentés. On y voit nombre de grands personnages : la reine Victoria et sa cour, puis tous les rois et toutes les reines d'Europe.

Une salle basse éclairée par des lampes funèbres, porte le nom de « Chambre des Horreurs ». Il faut payer un supplément pour entrer là. On y voit la longue et répugnante galerie des criminels anglais : empoisonneurs, brigands, assassins de toute espèce. Dans un coin, une potence laquelle, dit-on, a servi, ce qui ajoute à l'intérêt avec lequel ses naïfs visiteurs la regardent…

Mais quel est-ce cadavre, étendu sur ce lit de camp, au milieu de la chambre ? je ne m'y trompe pas : c'est Napoléon, le grand Napoléon, tel qu'il était à Sainte-Hélène ! Et voici une relique d'un prix inestimable : la redingote grise, celle qu'il porta, authentique, réelle !

O vanité des vanités !

Soyez un conquérant ; cueillez des lauriers sous tous les cieux ; faites trembler peuples et rois pour qu'il ne reste de vous qu'un vieil habit, couvrant votre effigie de cire, dans la « Chambre des Horreurs » de Mme Tussaud !

Ah ! combien différente est la gloire que Jésus-Christ a conquise pour Lui et pour les siens !

C'est une gloire pure ; elle n'est souillée d'aucun mauvais souvenir ; elle n'est ternie d'aucune ombre. C'est la gloire d'un Agneau immolé, et qui n'a jamais versé d'autre sang que le sien. C'est la gloire de l'Innocence qui, s'est volontairement offerte en expiation pour le Crime.

Et c'est une gloire éternelle. Le vêtement du Christ, celui avec lequel il est sorti vainqueur de la tombe et qu'il porte depuis dix-huit cents ans, est fait de lumière et de sainteté ; il est indestructible. Jamais non plus elles ne s'useront, les robes blanches dont il revêtira les siens, à leur entrée dans la salle des noces !

Venez donc, vous tous qui êtes dégoûtés des vaines joies de la terre ; vous tous qui redoutez l'instant où il vous faudra sortir de ce monde comme vous y êtes entrés !

Achetez à Jésus-Christ, qui donne à quiconque demande, sans autre payement que la repentance et la foi, « des vêtements blancs, afin que vous en soyez vêtus, et que la honte de votre nudité ne paraisse point. » (Apocalypse.3.18)

Voici des paroles qui ont pour celui qui écrit ces lignes une valeur infinie, car c'est d'elles que Dieu s'est servi pour le convertir. Puissent-elles avoir le même résultat pour quelques-uns de ses lecteurs !

« Puis l'Éternel me fit voir Jéhoshuah, le grand Sacrificateur, qui était debout devant l'ange de l'Éternel, et Satan qui était debout à sa droite pour s'opposer à lui.

Et l'Éternel dit à Satan : Que l'Éternel te réprime rudement, Satan ! oui, que l'Éternel, qui a élu Jérusalem, te réprime durement ! Celui-ci n'est-il pas un tison retiré du feu ?

Et Jéhoshuah était vêtu d'habits sales, et se tenait debout devant l'ange ; et l'ange prit la parole et parla à ceux qui étaient devant lui en disant : Ôtez-lui ces habits sales. Puis il lui dit : Voici, j'ai ôté de dessus toi ton péché, et je t'ai vêtu d'habits magnifiques. » (Zacharie.3.1-4)

13
Les dormeurs du Louvre

Il fait froid; il pleut; les passants circulent rapidement, et les promenades sont vides et désolées. C'est en des jours pareils que la grande et croissante armée des va-nu-pieds, des meurt-de-faim, épaves des grandes villes, qui s'appellent « les ouvriers sans travail », c'est en hiver, dis-je, que ces malheureux sont surtout à plaindre! En été, la nature clémente leur offre ses compensations : les bois sont à tout le monde, et les bancs des boulevards sont des lits suffisants pour qui ne craint pas de dormir à la belle étoile. La Seine leur fournit, gratis, des bains réparateurs; les jours sont longs, et il est rare qu'il ne s'y rencontre pas une bonne aubaine. Mais l'hiver, que faire? où se réfugier? où dormir?

C'est alors que les églises sont visitées par des fidèles d'un nouveau genre, et les musées par d'étranges amateurs. La plèbe loqueteuse connaît les bons endroits; elle sait que le suisse de telle église est débonnaire, et l'on voit les pauvres gens entrer, furtifs, baissant la tête, sans avoir l'air de se connaître, dans le vieil édifice, s'asseoir sans bruit autour des piliers, dans les angles les plus obscurs, les plus écartés. Ils restent là une heure deux heures, une demi-journée, — le plus longtemps possible : il fait si bon près des bouches de calorifère! Ils y restent jusqu'à ce que la faim les chasse, ou que les portes de l'église s'ouvrant pour quelque cérémonie, le suisse leur dise : « Déguerpissez! »

Que leur importent, d'ailleurs, les messes basses du matin, les prônes, les catéchismes, tous les actes du culte qu'on célèbre là ? Ils n'y viennent ni pour l'autel, ni pour le prêtre : uniquement pour le calorique.

Quand les églises leur sont fermées, les truands modernes se rabattent sur les musées. Craignant d'être refusés à l'entrée, on les voit, au préalable, se passer la main dans les cheveux, arranger leur casquette ou leur chapeau crasseux d'une façon décente, boutonner leur habit pour cacher l'absence de linge, puis, rapides, passer devant les huissiers… La bataille est gagnée, ils sont dans la place !

Mais, une fois là, que de tactique, que d'habileté pour s'y maintenir ! Ayant roulé toute la nuit, les pauvres hères ont sommeil… Ils cherchent une banquette isolée, et, les coudes sur les genoux, ils s'endorment. Au-dessus d'eux flamboient les chefs-d'œuvre de l'école florentine, ou flamande, ou espagnole… Ils s'en soucient bien, vraiment ! Dormir, dormir tranquilles, tel est leur unique objectif. Et ils dorment, jusqu'à ce que l'huissier, les secouant vivement, les réveille en sursaut : « Circulez, circulez ! on ne dort pas ici ! »

Ces parias de la civilisation moderne sont à la fois une honte et un danger pour elle. Une honte, car ils prouvent bien l'impuissance des lois sociales à guérir la misère et à extirper le vice ; jamais il n'y eut tant de déclassés que de nos jours, jamais tant de misérables ne furent réduits à l'abrutissement ou au désespoir. Un danger, car s'il est parmi ces hommes beaucoup d'êtres inoffensifs, plus malheureux que méchants, et dont le seul tort est, d'être incapables, il en est aussi d'habiles, de vindicatifs, qui sentent s'amasser en eux d'implacables rancunes contre la société cruelle et égoïste qui les abandonne à eux-mêmes.

Parmi ces pauvres gens, il en est qui ont vu de meilleurs jours et qui subissent des malheurs immérités. Nous avons connu, il y a quelques années, un jeune homme qui avait vainement battu le pavé de Paris pour chercher un emploi. Ses ressources épuisées, il avait dû quitter son misérable garni pour errer à l'aventure dans les rues, après avoir, pendant quelques jours, profité des asiles de l'hospitalité de nuit. Un soir, il entra par hasard, avec une bande de déguenillés comme lui, dans une salle de réunions populaires : sans doute, l'attrait du poêle et de la chaude lumière du gaz fut pour quelque chose dans sa décision.

Un orateur évangélique parlait justement de la bonté de Dieu pour ses créatures ; il disait quelque chose comme ceci : « Vous êtes tous, ici, pauvres comme Job, et moi, qui suis presque aussi pauvre que vous, je ne puis vous soulager. Mais, écoutez-moi bien : je vous donne ma parole qu'aucun de vous, si coupable qu'il ait été, si bas tombé qu'il soit à cette heure, et si dénué de tout qu'il puisse être, ne priera Dieu de le secourir sans être exaucé. Comment Il vous délivrera, je n'en sais rien, mais à coup sûr, si vous vous adressez à Lui avec foi, Il vous entendra. »

Notre jeune homme prit ces paroles à la lettre. La réunion terminée, il erra toute la nuit, n'osant s'arrêter à cause du froid, et priant Dieu du fond de son âme. « Jamais, a-t-il dit plus tard, je n'ai passé une nuit si heureuse. J'avais le sentiment que Dieu m'entendait et que tous mes malheurs allaient prendre fin. »

Il se présenta le matin dans une maison où on lui avait dit de revenir, et fut agréé comme employé.

Il y a quelque temps, celui qui écrit ces lignes voyait entrer dans une salle de réunions évangéliques un charmant jeune couple : à la fraîcheur de leurs habits, et surtout à la joie de leurs regards, on devinait des nouveaux mariés.

— Me reconnaissez-vous ? dit le jeune époux.

— Non, monsieur.

— Eh bien, c'est moi qui… (et ici se plaça l'histoire ci-dessus)… Et voilà ma femme ; nous sommes mariés depuis deux mois, et nous gagnons bien notre vie. Voyez-vous, monsieur, je n'ai jamais oublié cette nuit-là, je tiens à le dire devant tout le monde, Dieu entend et exauce les prières qu'on lui fait.

— Lui avez-vous demandé la chose suprême ? demandai-je.

Le visage de mon ami rayonna :

— Oui, monsieur, et je l'ai reçue : je suis chrétien. Dieu m'a sauvé par Jésus-Christ.

En parlant ainsi, il regardait sa compagne, qui l'approuvait d'un regard souriant.

14
Une nuit de Christ

Penchés sur leurs avirons, les rameurs causent entre eux, tandis que l'embarcation s'éloigne du rivage[a]. Au fond de la barque sont déposées douze corbeilles pleines de morceaux de pain : ce sont les restes du festin que le Maître a fait surgir, pour le peuple, au milieu du désert. Mais ce miracle ne les occupe guère ; ils n'y ont pas pris garde, tant leur intelligence est épaisse, tant elle est fermée aux choses qui ne touchent point à leur orgueil ou à leur intérêt personnel.

De quoi donc s'entretiennent-ils ?

Sans doute ils se demandent pourquoi Jésus les a contraints de s'embarquer sans lui. Et comme ils ont eu vent des projets de la foule, — qui voulait enlever leur Maître pour le faire roi, — ils le soupçonnent peut-être de les avoir abandonnés, pour ne point les associer à sa dignité nouvelle !

Cependant Jésus, resté sur le rivage, renvoyait doucement chez eux tous les pauvres enthousiastes, sachant bien que leur amour pour lui n'était qu'une forme de leur égoïsme. Son royaume n'était pas de ce monde, et l'heure de régner ne devait sonner pour lui

---

[a]. On nous excusera d'insérer, parmi ces Contes du Dimanche, une méditation inspirée par une des scènes les plus grandioses de l'Évangile. Est-il besoin d'ajouter que nous croyons pleinement à l'authenticité de ce récit, et de l'Évangile tout entier ?

qu'après l'heure de mourir. Mais il ne pouvait pas même leur expliquer ces choses ; aucun d'eux ne les aurait comprises.

A regret le peuple se disperse, et le Maître, demeuré seul, gravit les pentes de la colline qui domine le lac. C'est l'heure où la nature s'endort dans un dernier sourire ; le soleil va disparaître ; le ciel et l'onde se colorent de teintes magnifiques. Comme au premier jour du monde, le Fils contemple avec plaisir cette Création, qui est son ouvrage. Il est triste pourtant ; son âme est excédée jusqu'à la mort par ce contact journalier avec tant de péché, d'ignorance et de misère. Ah ! comme il lui tarde d'être seul, pour se retremper dans la communion du Père !

Arrivé au faîte de la montagne, il se retourne. Aux dernières lueurs du couchant, il aperçoit, comme un point noir sur la face empourprée du lac, la barque où sont ses disciples. Il les suit du regard, les bénit, puis se prosterne et prie.

Les premières étoiles ont paru. Les oiseaux, avec des bruits étouffés, ont caché leur tête sous l'aile. Les fleurs se sont fermées pour dormir. On n'entend que le souffle du vent dans les arbres, et le clapotement lointain des vagues agitées.

Jésus, toujours prosterné, continue à prier.

Minuit. Le vent souffle en tempête. Le hurlement sinistre du chacal se fait entendre. Tout là-bas, douze rameurs éperdus luttent contre les flots, tandis qu'ici leur Maître semble les oublier et s'oublier lui-même dans la prière.

Sa prière n'est pas, comme la nôtre, l'effort pénible d'une foi chancelante. C'est l'entretien vivant d'un Fils avec son Père, c'est un dialogue et une contemplation. Et ce contact avec les choses invisibles est si réel, que sa face en est illuminée : elle rayonne de joie auguste et d'ineffable sérénité.

L'humble Docteur qui, tout à l'heure, refusait une couronne, le voici maintenant Prince en vérité : tel un roi en exil qui, le soir venu et la porte fermée, s'ornerait pour lui seul des insignes souverains, pour redevenir le lendemain l'hôte obscur et dédaigné d'une race étrangère.

Pour qui priait le Christ, la nuit, sur la montagne ?

Il priait pour ce peuple ignorant et grossier, prêt à l'acclamer aujourd'hui parce qu'il l'avait nourri d'un miracle, et prêt à le lapider demain si le miracle ne se renouvelait pas… Il priait pour que, jusqu'au bout, la force lui restât ; car il lui en fallait autant pour vivre que pour mourir. Mais il priait surtout pour ces douze rameurs, qu'il voyait, malgré les ténèbres, luttant contre la tempête. Il les voyait sur une autre mer, bien plus vaste, et dans d'autres périls, bien plus grands. Ces rameurs sont l'espoir du monde ; cette barque, comme l'arche flottant sur le déluge, porte une nouvelle humanité. Et tandis qu'elle vogue péniblement, le Christ prosterné prie ; il prie pour qu'elle arrive au port…

A l'heure désolée qui précède l'aurore, au moment où les nautoniers, à bout de forces, laissent aller leurs avirons, une étrange apparition se dessine dans la brume grisâtre : un fantôme ! Le premier qui l'aperçoit le montre avec terreur à ses compagnons, et tous le voient. Ce n'est donc pas le rêve d'un homme assoupi : aussi, tous ensemble, poussent-ils un grand cri, peut-être dans l'espoir de dissiper ainsi la vision effrayante.

Oh! les tristes héros des batailles divines! Fils de la mer, ils ont peur des vagues; fils de la terre, ils ont peur des fantômes! Et c'est avec ces hommes-là que Jésus veut fonder son empire universel?

— Rassurez-vous, c'est moi, n'ayez point de peur.

La voix qui parle ainsi est douce, mais forte; elle domine l'orage, elle arrive jusqu'aux douze rameurs. C'est lui, c'est lui, ô merveille! Il approche, il vient à eux sans barque ni voile. Ah! le voilà, Celui qui n'est ni le fils de la mer ni le fils de la terre; voilà le Fils du ciel, l'espérance du monde! Non, la nouvelle humanité n'est pas dans cette barque, à la merci de cette mer infime; elle est dans l'Homme que la vague ne peut submerger ni le sépulcre retenir. Allez, rameurs, allez sans crainte : avec lui votre nacelle bravera toutes les tempêtes, et de siècle en siècle abordera toutes les plages!

Lorsque, plus tard, après la Pentecôte, ils allèrent selon l'ordre du Maître porter aux bouts du monde l'Évangile de la résurrection, que de fois les rameurs du lac de Galilée durent se souvenir de cette scène matinale! Sur la mer sanglante de la persécution, que de fois ils revirent l'apparition consolante! Au fond des prisons, sous le fouet, sous la hache, que de fois ils entendirent la voix bien connue : « Rassurez-vous, c'est moi! »

Et toi, pauvre chrétien, pourquoi te désolerais-tu? Il t'a laissé seul, mais ce n'est qu'en apparence : il prie pour toi, là-haut, il te suit du regard sur la mer troublée de la vie. Rame, travaille, lutte et ne désespère jamais! Car dans les brumes grises qui précèdent l'aurore, à l'heure la plus froide et la plus désolée, quand ta main défaillante abandonnera les avirons, tu verras apparaître aussi, non la Mort, ce noir fantôme, mais ton Sauveur, souriant et les mains tendues :

« C'est moi, dira-t-il, n'aie point de peur ! » Et ta barque, aussitôt, touchera le rivage.

15
Le plus grand peuple du monde

Quel est le plus grand peuple du monde ?

Cela dépend, évidemment, de la nationalité de votre interlocuteur. S'il est Français, il ne manquera pas de faire valoir les justes titres de sa patrie à ce titre glorieux. Elle est la plus ancienne des nations modernes ; sa naissance remonte aux premiers siècles de l'ère chrétienne, au temps de Clovis et de Dagobert. C'est d'elle que sont sortis quelques-uns des plus illustres fils de l'humanité et quelques-uns des plus beaux mouvements de l'histoire : les Croisades, la Renaissance, la Révolution de 1789. Quelle pléiade de poètes, d'écrivains, d'inventeurs, de philanthropes forment l'auréole de la France ! Malgré ses revers, sa décadence passagère, la patrie de Pascal, de Bossuet, de Voltaire, de Victor Hugo, de Pasteur, est certainement le plus grand peuple du monde. Vive la République française !

Ici l'Anglais vous arrête :

Stop ! Le soleil ne se couche point sur l'empire britannique ; ignorez-vous cela ? Un peuple comme le nôtre, un peuple qui a su englober sous son drapeau un bon quart de la population du monde : les Indes, le Canada, le Cap, l'Australie, etc., etc. ; un peuple qui, à lui seul, possède plus de navires et plus de machines que tous les autres ensemble ; un peuple où tout le monde sait lire, écrire, compter, et jouit d'une liberté à peu près illimitée, voyons, n'est-ce pas lui le premier de tous ? Rule, Britannia !

Mais Jonathan, de l'autre côté de l'Atlantique, se dresse de toute la hauteur des Montagnes Rocheuses, et nous crie à travers les mers :

Vieilles nations radoteuses, taisez-vous et faites place aux Stars and stripes [a]. C'est nous qui sommes désormais la grande nation : grande par le territoire, grande par la mission providentielle que nous accomplissons, grande par nos destinées. Dans quelques années, nous aurons dépassé en population l'Europe entière ; nous recevons chaque jour un nouveau contingent de misérables qui nous arrivent de chez vous, et nous les transformons en citoyens de la libre Amérique, c'est-à-dire du monde, car nous n'aurons bientôt plus d'autres frontières que les pôles et les Océans. Westward oh ! Vive l'Amérique !

Mais voici les armées imposantes du tsar de toutes les Russies : quel empire égale celui-là ? Voici les compatriotes de Bismarck entourant la colossale statue de la Germanie et tout fiers de leurs victoires si chèrement achetées. Voici enfin le Japon, le pays du soleil levant, tout resplendissant de sa gloire récente ; voici les masses sombres, mystérieuses, énigmatiques, de l'immense Empire chinois, peuple innombrable, sobre, patient, calme, cruel, redoutable et menaçant comme la Fatalité…

Qui tranchera la question ? Quel est le plus grand peuple du monde ?

---

a. Description du drapeau américain : des bandes blanches et rouges avec, dans un angle, sur fond bleu, autant d'étoiles qu'il y a d'États dans l'Union.

J'étonnerai mon lecteur en disant que ce n'est aucun de ceux que je viens d'énumérer. Ce n'est ni l'Autriche, ni l'Espagne, si grandes jadis ; ni l'Italie, terre des arts ; ni la Grèce, ni la Rome antique. Ce n'est pas non plus la Perse, l'Assyrie, l'Égypte, grandes gloires passées…

Car tous ces peuples-là sont morts ou mourront un jour pour faire place à d'autres, lesquels, à leur tour, passeront pour laisser place…

Au plus grand peuple du monde, LE PEUPLE DE DIEU.

Je vois d'ici, lecteur incrédule, votre sourire de mépris :

« Le peuple de Dieu ? Qui est-ce qui connaît ça ? Quelle langue parle-t-il ? Dans quelle partie du monde est son territoire ? Quelles sont ses armées, ses chefs, ses représentants ? Quel est son revenu ? »

Le peuple de Dieu, le plus grand peuple du monde, n'a pas un pouce de territoire, pas une pierre de forteresse. Il n'a ni casernes, ni prisons, ni gendarmes, ni échafauds ; il n'a ni Chambre, ni Sénat, ni empereur, ni pape ; pas même un Ministère des finances ! Il se compose en majorité de pauvres gens, rebut et gloire de toutes les patries. Il ne parle pas une langue, mais toutes les langues.

Ses citoyens sont dispersés, comme les juifs, avec lesquels, d'ailleurs, ils ont bien des choses communes, y compris le dédain dont on les enveloppe et la haine dont on les poursuit… Mais ce peuple étrange est le plus grand de tous, car sans lui aucun des autres ne subsisterait ; il est le mortier qui lie ensemble les nations civilisées ; il est le sel qui neutralise dans leur sein les progrès de la corruption ; il est, en un mot, le peuple unique, providentiel, destiné à hériter de tous les autres et à réaliser un jour, sur la terre même, l'idéal de république universelle rêvé par tant de généreux esprits.

Ce qui constitue ce peuple, c'est la communauté d'origine. Non pas qu'il soit nécessairement composé, comme le peuple juif, des membres d'une seule famille ; car il n'est aucune nation moderne qui ne soit le produit d'un mélange de races. Mais il y a toujours eu un moment dans l'histoire où ce mélange s'est consommé ; où des hommes qui n'avaient pas encore conscience de former entre eux cette personnalité vivante qu'on nomme la patrie, sont nés à cette vie nouvelle sous l'influence de quelque grand événement, de quelque acte héroïque : ainsi, la France doit son existence à l'épopée de Jeanne d'Arc qui donna, pour ainsi dire, une âme aux masses populaires. La Suisse fait remonter ses origines aux guerres qu'elle livra contre l'oppression des Habsbourg ; les États-Unis doivent tout à l'héroïsme des Puritains qui débarquèrent du Mayflower sur le roc de Plymouth il y a deux cent cinquante ans.

Le peuple de Dieu, qui se recrute dans toutes les races du monde, doit aussi son existence corporative à un acte, un événement unique, un sacrifice héroïque plus que tout autre. Si l'on peut juger de la grandeur d'un peuple par la pureté, la grandeur d'âme, le dévouement de ses fondateurs, quel peuple est comparable à celui qui tire son origine de la vie, de la mort, de la résurrection de Jésus-Christ ? Quel sacrifice peut être mis en parallèle avec celui qui, commençant à la crèche, finit sur la croix du Calvaire ? Et quelle victoire que celle de Jésus sur les puissances coalisées de l'enfer et de la mort ?

> Gloire à la patrie éternelle,
> Gloire au Christ qui mourut pour elle !

Il ne suffit pas, cependant, qu'un peuple ait un glorieux passé pour être glorieux lui-même, ou seulement pour être un peuple. Si l'héroïsme n'était chez nous qu'à l'état de souvenir, la décadence nationale ne tarderait pas à se produire. Il faut, pour qu'un peuple vive, qu'il y ait communauté d'esprit entre ceux qui le composent et ceux qui l'ont composé ; il faut, malgré les différences inévitables que le temps et la distance établissent entre les citoyens de toutes les époques et de toutes les provinces, qu'on reconnaisse en chacun d'eux l'âme commune ; il faut qu'une même flamme les anime, il faut qu'ils aient enfin un même esprit.

Or, le peuple de Dieu de tous les temps et de tous les pays, a présenté, présente encore de grandes variétés, de grandes différences, mais c'est à ceci qu'il est toujours reconnaissable : il a le même Esprit. Cet Esprit qui descendit à la Pentecôte sur les disciples rassemblés, anime encore, animera toujours leurs descendants spirituels : Esprit de courage, de force, de vérité, de liberté, de charité. C'est ce dernier trait surtout qui est la marque distinctive du Peuple de Dieu, parce que c'est celui-là qui manque totalement aux sociétés humaines. Bâties par la force, sur l'intérêt individuel ou collectif, les sociétés humaines s'écroulent pour se reformer sans cesse, sans donner jamais satisfaction à ce besoin impérieux de l'homme : l'amour fraternel. Seule, la société divine, le peuple de Dieu, répond à ce besoin, et c'est pour cela que ce peuple est impérissable.

Mais voici le dernier point et le plus important de tous : Comment devient-on membre du peuple de Dieu ?

On naît Français, Suisse ou Belge ; on ne naît pas chrétien. Ce titre ne s'hérite pas par la filiation naturelle. Le peuple de Dieu est un peuple en esprit ; ses frontières sont spirituelles, ses lois aussi ; son Chef est invisible, et son royaume n'est pas de ce monde. Il ne peut donc se recruter par les moyens ordinaires ; et Jésus-Christ lui-même a proclamé le principe fondamental sur lequel repose le monde nouveau, quand il a dit : « Il faut que vous naissiez de nouveau… Si un homme ne naît de nouveau, il ne peut voir le royaume de Dieu. »

L'erreur la plus fatale qui ait jamais été commise, ç'a été de vouloir incorporer au peuple de Dieu des âmes humaines par la force ou par la contrainte morale.

On devient enfant de Dieu par la foi, c'est-à-dire par la reconnaissance absolue de son indignité morale, par la repentance, le changement de vie, le don complet de soi-même à Jésus-Christ, chef de l'humanité nouvelle.

Lecteur, appartenez-vous au peuple de Dieu ? Sinon, hâtez-vous de vous faire naturaliser ! « A tous ceux qui l'ont reçu, il a donné le droit d'être faits enfants de Dieu, savoir à ceux qui croient en son nom ; qui ne sont point nés du sang, ni de la volonté de la chair, ni de la volonté de l'homme, mais qui sont nés de Dieu. » (Jean.1.12-13)

16
Le souffle de Dieu

Une chose me frappe en lisant l'histoire, me disait un jour mon ami Philippe ; c'est que certaines époques semblent particulièrement fécondes en génies d'une seule espèce. Ainsi, le XVIe siècle nous a donné des réformateurs ; le XVIIe des littérateurs ; le XVIIIe des philosophes et des révolutionnaires ; le XIXe des inventeurs... Qui sait ce que nous réserve le XXe ?

— Le XXe siècle, lui répondis-je, sera, comme tous les autres, riche en toutes sortes de génies divers. C'est une erreur de croire qu'il y a des époques stériles et des époques fécondes. Rien n'est commun comme le génie. Tu coudoies chaque jour des Voltaire, des Mirabeau, des Bonaparte à qui il ne manque rien...

— Ah ! bah !

— Laisse-moi achever... Rien que l'occasion de se révéler au monde et à eux-mêmes. Pour le moment, ils sont cordonniers, clercs de notaire ou pêcheurs à la ligne. Où étaient, je te le demande, tous les hommes illustres de la Révolution avant 89 ? Ils étaient perdus dans la foule. Sans le souffle mystérieux qui passa sur la France à cette époque, Mirabeau n'eût été qu'un méchant seigneur de village, Robespierre qu'un avocat retors, Bonaparte qu'un officier de fortune. Sans la guerre de 1792, les Hoche, les Kléber et les Marceau seraient restés dans le rang.

Tout homme porte en soi la possibilité d'un développement infini. Le plus vulgaire de nos voisins a peut-être l'étoffe d'un héros. Mais tous les germes, pour éclore, ont besoin d'une atmosphère favorable; il faut les souffles tièdes du printemps pour réveiller la semence dans les sillons; il en est de même des facultés de l'homme. Il leur faut, pour s'épanouir, le souffle de Dieu.

Je ne puis m'empêcher de penser, quand j'erre dans Paris, au milieu de la foule : « Il y a là des trésors inestimables de sagesse, de pensée, de volonté, de force, qui s'ignorent eux-mêmes. Ce colporteur, qui va portant sa balle à travers les rues, est capable d'actions sublimes. Ce jeune homme qui aligne des chiffres derrière un grillage, dans une banque, est fait pour les œuvres d'audace et de courage. Cette jeune fille qui traverse la place accompagnée de sa gouvernante, aurait été en d'autres temps, une autre Jeanne d'Arc… Est-il possible que tout cela soit perdu, que tous ces dons, inutiles ici-bas, ne soient employés nulle part ? Voilà une raison de plus pour croire à l'immortalité de l'âme.

Philippe m'interrompit :

— Alors, dit-il avec un peu d'ironie (car c'est un homme pratique et qui ne se laisse pas emporter par l'imagination), il y aurait, selon toi, un vent qui fait éclore les génies comme la brise d'avril fait naître les fleurs ?

— Je le crois, lui répondis-je, et l'histoire le prouve.

Regarde ces hommes qui s'appelaient Pierre, Jacques, Jean, Matthieu, etc. : les disciples du Christ. Qu'étaient-ils ? Des prolétaires d'intelligence moyenne, sans grande élévation. Que seraient-ils devenus si le Christ ne les avait pas rencontrés ? Des vieillards comme tous les autres; ils auraient vécu, ils seraient morts dans l'oubli. Et même après avoir suivi Jésus pendant trois ans, vois comme ils sont encore vulgaires, grossiers, bornés, au point de lasser la patience de leur Maître !

Sa mort, loin de les stimuler, d'exalter leurs sentiments, les plonge dans la stupeur. Et voici que, tout à coup, ils se transforment : des facultés qui dormaient en eux s'éveillent. Ils parlent, ils montrent du courage, de l'intelligence et même du génie. Qu'est-il donc arrivé ? Un souffle a passé sur eux : le vent enflammé du Saint-Esprit. Dire qu'ils sont les auteurs de la religion qu'ils ont prêchée est un non-sens ; c'est elle qui les a faits. Ils sont nés du Verbe et de l'Esprit ; ce sont les fils de la Pentecôte.

— Alors on ne peut devenir un vrai chrétien que par le Saint-Esprit ?

— Sans aucun doute. Mais le Saint-Esprit lui-même ne suffirait pas sans un autre agent divin : la Parole de Dieu. Le Saint-Esprit ne peut faire éclore que les germes que nous portons en nous ; or nous n'avons pas, naturellement, le germe de la repentance, de la foi, de l'amour, de la vie éternelle enfin : il faut qu'ils soient déposés dans nos cœurs, et c'est la Parole de Dieu qui fait cet office. Les apôtres ne sont devenus les héros de la Pentecôte que parce qu'ils avaient entendu Jésus auparavant. Aujourd'hui, Jésus ne parle que dans son Livre : la Bible, et c'est ce Livre, reçu avec foi et fécondé par le Saint-Esprit, qui produit en nous l'homme nouveau.

17
Le guéridon de Fontainebleau

Je visitais, il y a quelques jours, pour la dixième fois, le palais de Fontainebleau.

Je n'entreprendrai pas de faire ici la description de ce vieux palais, qui dresse, au milieu de la plus romantique des forêts, un fouillis de constructions de tous les styles, mais qui n'est pas sans grandeur. Là, sont renfermés des souvenirs historiques d'un très grand intérêt : on y voit des peintures, des fresques et des sculptures des plus grands artistes de la Renaissance ; des meubles et des tentures de toutes les époques. On y voit le berceau du roi de Rome et le trône de Napoléon. Mais rien de tout cela ne m'a arrêté aussi longtemps qu'un simple guéridon d'acajou, sans ornements ni dorures, pareil, ou à peu près, à ceux qu'on trouve dans le commerce.

La partie supérieure se soulève, et voici l'inscription que présente, sur une plaque de cuivre, la partie inférieure :

« Le 5 avril 1814, Napoléon Bonaparte signa son abdication sur cette table, dans le cabinet de travail du roi, le deuxième après la chambre à coucher, à Fontainebleau. »

Vous comprenez, n'est-ce pas, pourquoi ce simple meuble a tant d'intérêt pour l'observateur philosophe et surtout chrétien : il rappelle un grand drame moral, la chute formidable d'une idole, l'amertume et la misère des gloires et des grandeurs qui ne sont pas fondées sur la loi divine.

Le guéridon porte la trace d'un coup de canif, dont l'empereur, assure-t-on, cloua sur la table, dans un geste de colère, le papier sur lequel il venait de signer son abdication. Avoir donné des coups d'épée à travers tant de contrats, tant de serments, tant de traités, et finir par ce coup de canif impuissant... Quelle chute et quelle dérision!

J'ai essayé de me représenter l'état d'esprit du grand despote au moment où, pressé par ses anciens ministres, il griffonnait hâtivement ces lignes, dont le fac-similé est conservé dans la bibliothèque du palais.

A-t-il eu, à ce moment-là, un éclair de bon sens? A-t-il compris la folie et la vanité de cette chevauchée de quinze ans à travers l'Europe, et l'inutilité de tant de massacres, de tant d'incendies et de pillages? A-t-il vu, dans cette catastrophe finale, la revanche des lois violées? Et sur ce guéridon d'acajou, a-t-il aperçu la main mystérieuse et puissante qui tenait la sienne, pour l'obliger à écrire son abdication?

Cela n'est pas probable; il n'était encore en route que pour l'île d'Elbe; il lui fallait, pour l'assagir, Waterloo et Sainte-Hélène, la chute irrémédiable et la mortelle captivité. Si les propos rapportés dans le fameux Mémorial sont dignes de foi, il semblerait du moins que là-bas, sur le rocher aride où l'implacable cruauté de ses ennemis le laissa mourir, il fit des réflexions salutaires et reconnut la grandeur supérieure de Jésus-Christ. Mais ici, à Fontainebleau, son cœur bouillonnait encore d'orgueil déçu, de colère et de révolte. Il est vaincu mais non soumis : le coup de canif en fait foi.

Lorsqu'il partit, quelques heures plus tard, il dut traverser la forêt verdoyante qui enserre de toutes parts la ville et le château. Le grand homme qui se plaisait au fracas des batailles, prit-il jamais garde au chant d'un oiseau ?

S'il avait daigné descendre de son cheval ou de sa berline de voyage, et pendant une heure errer à travers bois, les petits oiseaux lui auraient enseigné la sagesse : « Tu pars, lui auraient-ils dit, et nous, que tu effarouchas si souvent par tes chasses impériales, mais dont tu n'as pu détruire le nid fragile et l'invincible sécurité, nous, nous restons !

Et ces vieux arbres, profondément enracinés dans le sol français, ils restent, eux aussi ! Tu pars, toi, grand nomade, fléau de Dieu, tempête ; nous restons dans le calme et la paix du printemps. Vois ! les arbres bourgeonnent ; les petites fleurs naissent dans la mousse, et déjà nos œufs sont près d'éclore. Va, tu as eu beau piétiner le sol pendant tant d'années, l'herbe repousse après toi ! Sache donc, grand empereur, que tu ne peux rien contre ceux que Dieu aime, et qu'un petit oiseau, libre sur sa terre natale, est plus heureux que tu ne le fus jamais ! »

Le guéridon de Fontainebleau me suggère d'autres pensées, et c'est ici surtout, lecteur, que je réclame votre attention, car il s'agit de vous.

« De moi ? Qu'ai-je donc de commun avec un empereur qui abdique ? je suis un pauvre homme sans ambition insensée, croyez-le bien. Je ne fais de mal à personne, pas même aux petits oiseaux ! »

J'en suis bien aise, et pourtant il y a, pour vous aussi, une abdication nécessaire.

Si humble, si modeste que vous soyez, il y a en vous des aspirations très nobles et très légitimes : vous désirez « la gloire, l'honneur et l'immortalité », et vous avez raison, car Dieu a mis en vous ces désirs. Il vous a fait pour ces choses-là ; rien ne pourra vous satisfaire en dehors d'elles. Et il ne s'agit pas d'une gloire au rabais, d'un honneur de pacotille, d'une immortalité de marbre ou de bronze ; il s'agit pour vous d'être un jour pareil à Dieu même, dans toute sa splendeur, dans toute sa beauté, dans sa justice parfaite, dans l'éclat adorable de sa charité. Vous n'oseriez pas ambitionner le trône impérial ; et moi je vous dis : Osez, osez ambitionner le trône même de Dieu !

Folie ! direz-vous. Mais je vous répondrai : Sagesse ! L'Évangile promet le trône de Dieu à des hommes comme vous et moi ; aux pauvres en esprit, à ceux qui pleurent, à ceux qui ont faim et soif de justice, à ceux qui aiment la paix et la procurent aux autres, aux méprisés, aux calomniés, aux persécutés.

Mais à quelle condition ? A la condition d'abdiquer.

Si humble, si modeste que vous soyez, il y a en vous une volonté tenace, un Moi impérieux qui commande en dernier ressort. Tout au fond de vous-même un trône est dressé, et c'est ce fameux Moi qui est assis dessus. Tout ce que vous faites, bon ou mauvais, est pour lui plaire ; vous le soignez, vous le flattez, vous lui immolez même bien des choses et bien des gens… Eh bien, si vous voulez régner un jour avec Dieu, comme Dieu, il faut que ce Moi orgueilleux abdique. Il faut qu'il signe sa déchéance, qu'il déloge de votre for intérieur et qu'il laisse la place… à Jésus-Christ.

Dites-vous bien que Dieu ne vous jugera pas comme le font les hommes. Le bien n'est bien que s'il est fait pour Lui. Le bien devient le mal quand il est fait par égoïsme. C'est pourquoi nos bonnes œuvres sont mises par l'Écriture sainte à l'égal de nos péchés : tout acte, même de dévouement, d'aumône, de sacrifice, qui n'a pas Dieu pour moteur et pour centre, est un acte d'orgueil, un grain d'encens offert à notre idole, un péché de plus.

Abdiquez donc en faveur de Jésus-Christ, le représentant de Dieu, venu du ciel pour nous rendre Dieu aimable sous les traits d'un homme comme nous, et pour expier notre orgueil, source de toutes nos fautes, par l'humilité de sa vie et l'opprobre de sa mort sur la croix ! Abdiquez pour régner ! C'est ainsi que vont les choses dans l'ordre divin, qui est l'opposé de l'ordre humain : l'abaissement précède la gloire, la chute précède le relèvement, la mort précède la vie.

18
L'oiseau du Paradis

I

Trois jeunes apprentis, partageant la même chambre, s'étaient, un beau soir de printemps, accoudés à la fenêtre. Tous les trois orphelins, ils s'étaient rencontrés dans les ateliers où leurs tuteurs les avaient placés, et s'étaient associés pour diminuer leurs dépenses et rendre leur vie plus agréable. Mais ce soir-là ils se sentaient d'humeur triste ; la brise leur apportait le vague parfum des champs, des fleurs et des bois ; les hirondelles qui tournoyaient au niveau de leur mansarde leur parlaient des pays lointains d'où elles étaient récemment venues, et l'ennui remplissait leur cœur à la pensée du labeur qu'il faudrait reprendre demain, sans trêve ni repos, jusqu'à la fin de leur vie…

— Ah ! je voudrais être riche ! dit l'un.

— Et m'amuser, dit le second.

— Moi, dit le troisième, je voudrais m'établir dans un pays où le ciel serait toujours pur, où il n'y aurait jamais d'hiver. J'y aurais une jolie maison avec un petit jardin, pas assez grand pour que je ne puisse le cultiver moi-même. Un pays où il n'y aurait point de malheureux, et où la mort même ne m'atteindrait pas.

Les deux autres éclatèrent de rire.

— Voilà bien le rêveur, dirent-ils ; ce pays-là n'existe pas !

— Vous vous trompez, jeunes gens, dit une voix à côté d'eux ; ce pays-là existe, et j'en viens.

Les apprentis se retournèrent, effrayés. Ils entrevirent, dans le demi-jour de la chambre, un étranger qui s'avança et plaça sur la table une cage dans laquelle étaient trois oiseaux au plumage lumineux et brillant. Tout à coup, dans le silence, ces oiseaux se mirent à chanter. Leur voix était plus belle que celle du rossignol, et les jeunes gens écoutèrent, ravis, cette douce harmonie.

Lorsqu'elle fut terminée, l'étranger prit la parole :

— Le pays d'où je viens, dit-il, est peuplé d'oiseaux pareils et plus beaux encore. Les fleurs y ont les parfums les plus doux et les couleurs les plus belles que vous puissiez imaginer. C'est vraiment le pays dont vous parliez tout à l'heure et auquel vous disiez ne pas croire. Eh bien, voulez-vous y venir avec moi ?

— Oui, crièrent-ils tous les trois en même temps.

— Soit ! je vous emmènerai tous, mais à une condition : Chacun de vous aura, pendant un mois, l'un de ces oiseaux sous sa garde ; il devra le nourrir, lui donner de l'eau fraîche, de l'air et du soleil. Je reviendrai bientôt, mais j'emmènerai seulement ceux dont l'oiseau sera vivant encore. Voici, ajouta-t-il, des graines d'une espèce particulière, car mes chanteurs ne peuvent vivre que de ces graines-là ; toute autre nourriture les empoisonnerait.

Et, déposant un sac de graines à côté de la cage, l'étranger disparut sans qu'on pût savoir si la porte s'était ouverte pour lui ou s'il avait passé au travers des murailles.

II

Le mois s'était écoulé. Par un soir de juillet, l'homme se trouva dans la chambre, à la même place que la première fois.

— Eh bien, jeunes gens, dit-il, êtes-vous toujours disposés à partir?

— Moi, d'abord, dit le plus âgé, je ne vous connais pas; j'aime mieux rester ici, où j'ai mes amis et mes plaisirs… et d'ailleurs, ajouta-t-il, l'oiseau est mort.

— Ah! dit l'étranger, et comment?

— Oh! c'est bien simple, j'ai oublié de le nourrir. On ne peut pas être l'esclave d'un oiseau. C'est dommage, il chantait bien, mais il n'aurait probablement pas traversé l'hiver prochain.

— Et vous? dit le visiteur au second.

— Voilà votre oiseau, répondit celui-ci; il est mort… Mais je l'ai fait empailler!

— Et pourquoi est-il mort?

— Parce que j'ai voulu le nourrir d'autres graines que les vôtres, ayant, par mégarde, jeté par la fenêtre les provisions que vous m'aviez laissées. Mais il n'a pu se contenter de ce que je lui donnais. C'est dommage, il chantait bien, mais du moins, vous le voyez, son plumage est conservé.

— Et vous? demanda l'étranger au troisième.

— Ah! s'écria celui-ci, mon oiseau est vivant, comme vous voyez, mais je m'aperçois bien que tous mes soins, toutes mes peines ne lui font pas oublier sa patrie. Notre soleil est trop pâle, notre air trop lourd ; il mourrait ici ! Je vous le rends mais, je vous en supplie, prenez-moi avec lui pour que là-bas je l'entende encore !

— Viens, dit alors l'étranger, puisque tu as pris soin de l'oiseau que je t'avais donné, c'est toi qui me suivras dans la contrée divine d'où je suis venu tout exprès pour t'y conduire.

19
Les deux ouvriers

I

C'est samedi ; l'heure de la paye a sonné, et les ouvriers, quittant leur établi, passent au bureau. Bientôt tous les comptes sont réglés, et, leur argent en poche, les travailleurs sortent en foule de la manufacture.

Regardez celui-là. Il s'en va lentement, les bras ballants, comme une âme en peine. Tandis que, l'essaim effaré se presse de tous côtés, heureux de se retrouver à l'air libre, lui, semble triste et comme dépaysé.

Celui-là, c'est un ouvrier sans famille. Il n'y a chez lui ni femme, ni enfants, ni vieille mère ; il n'a pas de chez lui. Il loge en garni dans une maison meublée ; son galetas est au cinquième, il n'y rentre que le plus tard possible, car il n'y a ni chaleur, ni lumière, ni confort dans ce bouge. Il mange à la gargote, mais il a bien le temps ! A cette heure, l'auberge est pleine, il lui faudrait disputer un coin de table à quelque inconnu ; il préfère attendre que la presse soit passée, et flâne le long des rues pendant ce temps.

Il s'arrête devant les boutiques, mais il regarde tout d'un air ennuyé. Coudoyé à chaque instant par les passants, le pauvre garçon est plus solitaire, plus abandonné que s'il était perdu dans les steppes de la Sibérie. Un jour, il eut la pensée d'acheter un chien, mais on ne veut pas de chien à l'atelier, et il eût été trop cruel de le laisser tout le jour dans sa mansarde.

« Dis donc, Jean, entre donc prendre l'absinthe ! »

C'est à notre homme que cette invite est adressée ; elle sort d'un cabaret devant lequel il passait, sans voir une demi-douzaine de camarades réunis devant le comptoir.

Il est splendide, le mastroquet. Des candélabres à cinq becs éclairent sa devanture ; il est tapissé de papier rouge et or, éclatant à la lueur du gaz. Le comptoir de zinc scintille comme de l'argent ; on entend le choc familier des verres… Jean hésite un peu ; il n'aime pas l'absinthe, ni les liqueurs fortes. Mais bah ! on s'ennuie trop sur le pavé. Et le pauvre ouvrier va se joindre aux buveurs.

II

Regardez donc ce brave homme, qui descend la rue d'un pas pressé, interrogent du regard tous les omnibus qui passent, pour voir s'il reste encore une place à l'impériale. Il sort du même atelier. Il passe devant les boutiques sans les voir ; le cabaret lui-même n'a pas d'attraits pour lui. Le cabaret ! C'est bien en pure perte qu'il se fait si beau, si lumineux, si c'est pour attirer des clients comme celui-ci.

Ah ! c'est que Paul est marié. Il est allé se loger loin, mais son logement est joli, et il y fait bon. En descendant la rue, savez-vous à quoi il pense ? A cette gentille salle à manger où la table est dressée, où l'attend cette petite femme qu'il a prise dans un jour de folie, car il n'avait pas le sou, ni elle non plus, la folie la plus sage qu'il ait faite de sa vie ; à ce bébé dans le berceau d'osier qui a commencé hier à dire papa : grande merveille ! Vous verriez passer tout cela sur son visage qui sourit, si vous pouviez le voir de près ; mais il marche trop vite, il est si pressé !

Les deux ouvriers gagnent le même salaire ; le premier n'a que lui à soigner, tandis que le second a deux autres personnes à nourrir. Le plus heureux pourtant, c'est le second. C'est lui le mieux vêtu, le mieux portant, le moins soucieux.

Si vous pouviez entrer dans l'atelier, je vous les montrerais tous les deux, travaillant côte à côte. Le plus vaillant à l'ouvrage, le plus gai, ce n'est pas le célibataire, c'est toujours l'homme marié.

III

Heureux l'honnête homme qui a trouvé une honnête femme sur son chemin et qui travaille pour elle, tandis qu'elle travaille pour lui ! Heureux celui qui sait où aller après sa journée, qui sait où passer les longues soirées, qui connaît les joies paisibles du foyer ! Heureux celui qui possède un chez soi !

Mais cette fin de semaine, savez-vous à quoi elle me fait penser ? Elle me fait penser à la fin de la vie.

Le jour va venir où chacun de nous devra rentrer chez lui.

Déjà nous sommes en route. Lecteur, êtes-vous pressé d'arriver ? Y a-t-il un foyer qui vous attend ? Avez-vous, autre part qu'en ce monde, — qui n'est après tout, qu'un immense atelier, — avez-vous ailleurs une famille, un être aimé, une toute-puissante attraction ?

Ou bien, comme le premier ouvrier dont j'ai parlé, allez-vous sans savoir où, sans vous sentir aimé par personne, et prêt à vous livrer aux premières influences venues, pourvu qu'elles vous fassent oublier votre isolement ?

Si l'on me demandait quelle est la différence entre un chrétien et un homme ordinaire, je répondrais : la voici !

Tous les deux sont des ouvriers, tous les deux travaillent, tous les deux ont de la peine, tous les deux ont à gagner leur pain à la sueur de leur front. Le deuil, la maladie, la mort, les menacent tous les deux. Le plus pauvre des deux, le plus affligé, le plus souffrant, c'est parfois le chrétien.

Mais le chrétien chante en travaillant, — et l'autre murmure.

Le chrétien travaille comme deux, — l'autre fait à peine sa tâche.

Le travail fini, le chrétien est pressé de partir, l'autre ne sait où aller.

Dans le froid du dehors, dans l'ombre de la mort, le chrétien voit luire de loin la maison, le foyer, l'amour du Père, — l'autre ne voit rien que quatre planches et un trou noir.

Aussi le chrétien a-t-il hâte d'arriver, tandis que l'autre s'attarde et s'amuse en chemin le plus qu'il peut.

Lecteur, il y a une maison pour vous ! Il y a pour vous une table dressée ! Une famille vous attend ! Un Père vous tend les bras, un Époux vous appelle ! Croyez-le, et que l'espoir de rentrer chez vous soutienne votre courage dans le travail, et vos pas quand il faudra traverser la vallée sombre !

20
Le triple meurtre de la rue X

Comment! vous n'avez pas entendu parler de ce terrible événement? Pourtant la rue X, c'est bien celle où vous demeurez, et le crime a été commis tout près de chez vous. Les journaux, dites-vous, n'en ont pas parlé? C'est étonnant, en effet, mais il se commet tant de crimes à Paris! et les journaux ont bien d'autres sujets d'articles : la politique, les courses, le théâtre... Le drame que je vais vous narrer ne leur a pas paru, sans doute, aussi intéressant que les mille faits divers qui encombrent leurs colonnes, et c'est dommage, parce que si les journaux s'en mêlaient, peut-être de pareils attentats deviendraient-ils plus rares...

Eh bien, figurez-vous que vous avez eu pour voisin jusqu'à ces jours-ci un homme, un ouvrier, père de trois filles charmantes.

L'aînée, Eugénie, élevée à la campagne, était une robuste et vigoureuse ménagère; c'est elle qui faisait marcher la maison; grâce à elle, l'ordre et l'abondance régnaient au logis. Belle et bonne, chantant du matin jusqu'au soir, c'était plaisir de la voir, les manches retroussées, travailler avec entrain, sans lassitude apparente.

La seconde, Sophie, moins forte que sa sœur, n'était pas moins utile qu'elle au bonheur commun. Douée d'un jugement solide, c'est elle qu'on appelait à la maison le ministre d'État. En toutes choses son avis était toujours le meilleur, et le père se trouvait bien de le suivre. Elle était fort intelligente, et amie de la lecture ; aussi charmait-elle les soirées d'hiver par ses causeries.

La troisième, enfin, la mignonne Blanche, n'avait ni l'énergie physique de sa sœur aînée, ni le brio extraordinaire de Sophie ; en revanche, elle avait la douceur, le sentiment ; c'était une délicieuse fleur de pureté, de candeur et d'exquise délicatesse. Sa présence rendait le foyer plus sacré ; devant elle personne n'eût osé effleurer des sujets scabreux, et aucune de ses deux sœurs n'aurait même pensé à faire ce que Blanche eût désapprouvée simplement par son silence.

Voilà, direz-vous, un homme heureux, avec trois filles pareilles, qui se complétaient si bien.

Eh bien, vous ne me croirez pas, tant la chose vous paraîtra monstrueuse : cet homme, depuis quelque temps, semblait n'avoir qu'une idée en tête : empoisonner ses trois filles !

Peut-être cela lui était-il venu à la suite d'un grand chagrin, qui lui faisait prendre la vie en grippe ? On m'a affirmé que le malheureux, tout d'abord, avait voulu rendre ses filles plus fortes par ses drogues, mais j'ai peine à croire qu'il fût fou à ce point. Ce qui est sûr, c'est que notre homme, chaque matin, faisait avaler de force à ses charmantes filles, un poison de couleur verte, qui leur faisait pousser des cris et les rendait folles. A midi, avant de se mettre à table, il recommençait. Parfois, après le repas, il leur versait un breuvage brun ou jaune, et le soir répétait les mêmes doses.

Les pauvres filles ne se laissaient pas faire sans protester. Eugénie lutta désespérément ; resta au lit pendant des journées le visage contre la muraille, afin d'échapper au poison quotidien. Sophie, un jour, pleine de fureur et de désespoir, jeta les meubles par la fenêtre, au grand scandale des voisins. Quant à Blanche, la pauvre petite Blanche, elle se bornait à pousser des cris étouffés, à pleurer en silence, et s'étiolait peu à peu… Un matin, elle était morte.

Une fois Blanche partie, les deux aînées résistèrent de moins en moins. La vie n'avait plus de charme pour elles. Le père insensé put leur faire avaler chaque jour des doses triplées. Sophie succomba. Ceux qui la virent au lit de mort n'oublieront jamais ce navrant spectacle : elle riait, chantait à tue-tête, se croyait riche et princesse ; et quand sa sœur, presque aussi malade qu'elle voulait la calmer, elle lui arrachait les cheveux.

Eugénie partit la dernière. Quand elle mourut, elle n'était plus qu'un squelette ; sa face tuméfiée, ses yeux hors de la tête, ses cheveux déjà gris, prouvaient combien elle avait dû souffrir.

Assez, assez, me criez-vous ! Quel abominable conte nous faites-vous là ? jamais rien de pareil n'est arrivé dans mon quartier. Et d'abord, votre histoire est pleine d'impossibilités. Pourquoi cet homme aurait-il voulu tuer ses filles ? Qu'est-ce que cela devait lui rapporter ? Et où aurait-il pu se procurer la quantité de poison nécessaire à un pareil forfait ? Car enfin, dans notre beau pays, on ne vend pas le poison à la bouteille sans ordonnance du médecin… Le droguiste était donc complice ? Et les voisins ? Et la police ? Tout ça ne tient pas debout !

— Je vous le disais bien, cher ami, que mon histoire est invraisemblable, et que vous ne la croiriez pas. Elle est vraie, pourtant. Le misérable père aimait ses filles, et la preuve c'est qu'il est mort quand est morte la dernière… Mais on lui avait fait croire que ces drogues étaient salutaires ! Il les administrait donc en bonne conscience, sauf à certains moments, où des éclairs de bon sens lui montraient son erreur. Quant au droguiste, comme vous l'appelez fort justement, c'est un homme honorable, estimé et influent dans le quartier, surtout au moment des élections ; il paye une forte patente et vend à huis ouvert ses poisons infernaux : sa boutique, d'ailleurs, n'est pas la seule, il a 450 000 collègues en France. Les voisins ? Beaucoup d'entre eux sont des clients du droguiste. La police ? S'il fallait qu'elle intervienne pour empêcher tous les ivrognes de boire…

Ah ! voilà que j'ai livré l'explication de mon apologue.

Ce père criminel, c'est le buveur d'alcool, votre voisin : il y en a dans toutes les rues, à tous les étages.

Sa fille Eugénie, c'est sa santé. Sophie, c'est sa raison. Blanche c'est sa conscience. Pauvre petite Blanche ! C'est toujours elle, dans chaque individu, qui meurt la première, et quand elle est partie mieux vaut, après tout, que les autres meurent aussi…

La police, elle-même, compte dans ses rangs nombre de ces criminels : pour arrêter tous les buveurs d'absinthe, il faudrait que la moitié de la France mit l'autre en prison.

Et ce triple assassinat se renouvelle tous les jours : l'âme, le corps, l'esprit, sont tous les jours sacrifiés sur l'autel du dieu Alcool. Les prisons, les asiles d'aliénés et les cimetières s'emplissent de ces victimes, tandis que l'autorité paternelle de l'État protège les cabaretiers et les distillateurs et continue à percevoir sa part de leurs exécrables bénéfices…

Pourtant, vous avez raison : il est défendu, en France, de s'empoisonner. Ainsi le pharmacien, l'autre jour, m'a refusé quelques gouttes de laudanum pour guérir une névralgie. « C'est trop dangereux, m'a-t-il dit. Il faut une ordonnance. »

Quand donc faudra-t-il une ordonnance pour consommer de l'absinthe, ou tout autre poison alcoolique ?

21
La marque rouge

J'étais un matin dans une gare [a], attendant un train qui était en retard. Un homme singulier m'accosta d'une étrange manière :

« Adam, où es-tu ? » me dit-il.

En me retournant vers celui qui me parlait, je vis un homme âgé, aux vêtements négligés, avec une longue barbe grise. Mais, malgré sa mauvaise apparence, son œil bleu fixé sur moi semblait me percer de part en part. L'évidente sincérité du pauvre homme me toucha.

— Adam, où es-tu ?

— Je ne m'appelle pas Adam, répondis-je avec douceur.

Avec un demi-sourire, l'homme, ayant baissé la voix, murmura :

— Dieu dit à Adam : « Où es-tu ? » Tu n'es pas Adam et je ne suis pas Dieu, mais Dieu peut te parler par mon moyen.

Puis, d'un ton solennel, il me demanda :

— Buvez-vous ?

---

a. Histoire vraie, par le Général Oliver Otis Howard, appelé à l'époque de la guerre de sécession *le général chrétien*, parce qu'il essayait de conformer ses décisions à ses profondes convictions religieuses. De façon erronée, semble-t-il, Saillens mentionne qu'il aurait été gouverneur du Connecticut. (ThéoTEX)

— Boire, moi ! Est-ce que j'ai l'air d'un homme qui a besoin qu'on lui fasse une leçon de tempérance ? Pourquoi me posez-vous cette question, à moi qui vous suis complètement étranger ?

— Pardonnez-moi, monsieur, dit-il, et me fixant encore avec une expression de doute, il ajouta : je suis bien aise que vous ne buviez pas !

— Eh bien, dis-je pour le mettre à l'épreuve, en supposant que je boive de temps en temps un verre de vin ou de bière, où est le mal ?

Cette question l'excita :

— Ah ! dit-il, écoutez mon histoire. Si vous ne buvez pas, ce récit pourra vous servir pour sauver quelque pauvre buveur.

— Peut-être que votre histoire est trop longue, lui dis-je ; vous savez, je pars par le train qui va arriver.

Mais, malgré ces paroles, mon homme commença le récit de sa vie.

Retraité du service des États-Unis, il habitait avec sa fille veuve à peu de distance de là. Voici d'ailleurs son histoire, à laquelle il manque cependant l'originalité de style du narrateur :

— Vingt ans avant la guerre, j'épousai la plus jolie fille d'un petit village de la Nouvelle-Angleterre. Ma femme était charmante ; elle avait de beaux cheveux bruns et des yeux admirables. Elle était aimée de tous dans le pays, car elle était aussi bonne que belle. Nous nous établîmes sur une ferme des environs, et nous eûmes deux filles, qui devinrent toutes deux aussi jolies que leur mère, et aussi aimables, ce qui est le plus grand éloge que l'on puisse faire d'elles.

L'aînée était brune et l'autre blonde ; c'étaient, monsieur, je vous l'assure, des enfants à rendre fier un roi. Elles s'appelaient Alma et Jeanne ; elles s'aimaient tendrement, jamais la moindre dispute ne s'éleva entre elles. C'est moi, hélas ! qui fis naître les premiers orages dans notre paradis terrestre. Je commençai à boire, d'abord du vin le jour de ma noce, puis du whisky. Cette passion absorba mes ressources à ce point qu'il fallut que mon Alma essayât de soutenir la maison par son travail ; elle devint la maîtresse d'école du village. Le sénateur de l'État, Hiram Brown, habitait le voisinage ; son fils Henri revint du collège pour aider son père dans son commerce. Ce jeune homme et ma fille Alma devinrent amoureux l'un de l'autre et nous les mariâmes. Tout le village approuva cette union — quelques personnes, cependant, disaient : « C'est malheureux que le père soit buveur à ce point, bien qu'on ne puisse blâmer la pauvre fille à cause des vices de son père ! » Ah ! monsieur, quel beau couple ! Le jeune homme était grand, fort, instruit et cultivé ; sa jeune femme était digne de lui. Ma femme fit son possible pour l'honneur de la famille à l'occasion de ce mariage. Mais le repas de noces fut pour moi un nouveau prétexte pour m'enivrer copieusement.

Le train approchait, et j'essayai de quitter le vieux bonhomme ; mais il se cramponna à moi, me montrant une cicatrice rouge, affreuse, en forme de fer à cheval, qui se cachait sous sa barbe.

— Monsieur, me dit-il, voyez-vous cette cicatrice ?

— Oui, oui, mais il faut que je parte.

— Eh bien, laissez-moi monter à côté de vous, et je vous raconterai la suite.

— Soit, montez.

Cette cicatrice mystérieuse et ce nez déformé excitaient ma curiosité. C'étaient ces deux choses-là qui, malgré les yeux bleus et assez beaux du vieillard, lui donnaient si mauvaise apparence. Quand nous fûmes assis dans le wagon, je lui dis en plaisantant :

— Je suppose que vous avez là des marques d'une noce plus soignée que les autres ?

Il me répondit :

— Mon histoire ne ressemble à aucune autre. Généralement on sait comment se terminent les histoires d'ivrogne, mais attendez un peu. Je n'ai pas bu une goutte de boisson fermentée depuis plus de trente ans. Je sais que je ne suis pas beau. Les gamins courent après moi en criant : « Voilà le vieux toqué ! » Ils ont raison, peut-être, mais cela ne m'arrête pas. Mon temps se passe à avertir les jeunes gens ; je suis moi-même un avertissement vivant.

Cette cicatrice m'a été imprimée par le coup de pied d'un cheval ; mais ni cela, ni la difformité de mon nez, résultat d'un pugilat après boire, n'étaient très perceptibles avant que l'eau-de-vie eût fait son œuvre. Quand je rentrais ivre à la maison ces marques devenaient enflammées, oui, toutes rouges et hideuses. Quand ma femme et mes filles les voyaient, elles fondaient souvent en larmes. Ah ! que de fois, en voyant leur douleur, en sentant que je perdais peu à peu l'estime de ma famille et de mes concitoyens, j'ai essayé de me corriger !

Enfin, un jour, ma petite Jeannette vint en sautant de joie m'annoncer qu'il y avait, chez Henri et Alma, un bébé nouveau-né, et qu'il me ressemblait. C'était mon premier petit-fils.

Naturellement, dès qu'il me fut possible d'aller voir ma fille et son nouveau trésor, je me rendis chez les Brown. Malheureusement je rencontrai un camarade de boisson aux confins du village. « Le premier petit-fils ! me dit-il ; il faut célébrer sa naissance ! » Nous allâmes boire un coup ; je ne me souviens plus de ce qui se passa pendant les quelques jours suivants ; je revins chez moi, à jeun et tout honteux, et ma pauvre chère femme voulut bien me recevoir encore. Quelques jours après, je rendis visite à Alma.

Ma fille était entourée de bien-être et de luxe tout ce qu'un mari riche et passionné peut offrir à une femme, elle l'avait. Henri n'était pas là ; Alma était assise sur sa chaise à bascule ; le bébé endormi reposait sur son sein. Elle me vit à peine ; elle regardait au loin d'un air égaré, et ses yeux étaient rougis par des pleurs qu'elle avait essuyés. « Pourquoi ces larmes ? demandai-je ; qu'arrive-t-il, chère enfant ? » je lui parlai de ma voix la plus enjouée ; mais à mon grand effroi Alma ne me répondit pas un mot, ne m'adressa pas un regard. A la fin, comme par une impulsion soudaine, comme en un rêve, elle se leva et, tenant l'enfant sur un bras, elle souleva la petite couverture et me montra le visage de son bébé âgé de quinze jours. Puis elle recouvrit l'enfant, le remit dans son berceau et, voilant sa face de ses deux mains, elle s'écria :

« Mon Dieu, pardonne-moi… Tu sais que je ne suis pas impie, et qu'il n'y a personne qui puisse me délivrer de ta main ! » Job.10.7

L'homme toussa un peu, puis il reprit :

— Je ne connaissais pas la Bible alors, mais je compris le sens de cette exclamation. L'enfant portait une marque horrible et changeante ; c'était le fac-similé de cette cicatrice ! Le petit innocent, sans que ses honnêtes parents y fussent pour rien, portait sur sa face la double empreinte de mon vice ! A chaque regard jeté sur son enfant, ma fille était devenue de plus en plus désespérée, et ma visite la mit hors d'elle-même. Sa tristesse prit une forme étrange ; elle s'imagina que son mari ne lui pardonnerait pas, à elle, la fille du buveur, d'avoir mis au monde un enfant portant des stigmates de honte. A partir de ce jour-là, je n'ai plus jamais bu.

Le singulier vieillard me laissa à la station suivante, mais il avait eu le temps de m'apprendre que la pauvre Alma dut être internée dans un asile d'aliénés ; quant à Henri, parti pour la guerre, il ne revint jamais : « Le petit enfant fut laissé à mes soins ; je le gardai jusqu'à quinze ans. Les marques rouges devinrent de plus en plus apparentes, et le pauvre enfant marchait et parlait comme s'il avait été pris de vin. Il était à moitié idiot. Il m'a quitté sans rien dire, et il est maintenant quelque part, luttant pour la vie parmi les hommes. Peut-être rencontrerez-vous mon petit-fils dans vos voyages. Dites-lui que son pauvre vieux grand-père l'attend depuis seize ans. Mon occupation ? C'est d'avertir les jeunes gens de peur que, comme moi et les miens, ils ne tombent sous l'horrible malédiction de la boisson. Au revoir ! Dieu vous bénisse, cher monsieur ! »

22
Les étrennes de Bobèche

I

Pourquoi l'appelait-on Bobèche ? Il n'aurait pas su le dire lui-même, mais personne ne lui donnait d'autre nom, excepté sa mère. Dans toute la rue Mongrand où demeuraient ses parents, dans la rue Grignan où se trouve la Grande Poste, ainsi que dans les rues avoisinantes, tous les garçons de bureau et les petits employés connaissaient Bobèche, le jeune saute-ruisseau de la maison Reynardon et Cie.

Il passait dans ce monde-là pour un bon enfant, et quand il se rendait à la poste pour y chercher le courrier de la maison, il ne manquait pas d'échanger un bonjour amical avec deux ou trois douzaines d'autres gamins, lesquels étaient tous ses intimes.

— Bobèche ! As-tu des timbres nouveaux ? lui criait l'un.

Bobèche ! Le courrier est en retard ; faisons une partie de barres, criait un autre.

Bobèche ne savait à qui entendre. Sa popularité le gênait, surtout quand les camarades impatientés commençaient à le houspiller.

— Laissez-moi tranquille, disait-il sans se fâcher.

Oh ! les bonnes parties dont Bobèche était le héros dans la cour de la poste ! C'était là, à cette époque, que se tenait la petite bourse des timbres oblitérés, là que se rencontrait deux fois par jour la fleur des bureaux environnants, l'espoir naissant du commerce marseillais.

Il s'agissait bien du courrier! Rien ne réjouissait plus cette jeunesse que lorsque le chef des facteurs venait lui apprendre qu'il y avait « une demi-heure de retard ». Une demi-heure! Autant de pris sur l'ennemi, c'est-à-dire le patron; autant de gagné pour le jeu. En hiver, quand il pleuvait ou qu'il faisait trop froid, on descendait dans les caves de la poste auprès du calorifère et l'on s'y racontait des « histoires ». En été, les deux maigres platanes offraient un abri suffisant pour jouer aux billes et à mille autres amusements.

Quelquefois le patron, surpris de ne pas voir arriver ses lettres, venait les chercher lui-même. Grand émoi au camp des jeunes employés, qui tous prenaient alors une mine de circonstance et s'empressaient au-devant du personnage pour lui annoncer avec l'air d'en avoir mille regrets — les hypocrites! — que le courrier était en retard.

II

Ce soir-là, — c'était le 31 décembre, — Bobèche était revenu de la poste où il ne s'était pas trop longtemps attardé. Il était occupé à copier à la presse les lettres que le patron plaçait devant lui après les avoir écrites.

Tout était silencieux dans le bureau quand M. Reynardon était là; l'on n'entendait que le grincement des plumes sur le papier et de temps en temps quelques mots échangés à voix basse par les commis à propos de leur travail. Aujourd'hui, le silence semblait plus religieux encore que de coutume : c'était le 31 décembre, le jour des augmentations ; et chacun se demandait si la « maison » serait plus libérale à son égard que l'année précédente. Le teneur de livres, un homme chauve à la vue affaiblie par trente ans de labeur sous un bec de gaz, se prenait à espérer que le patron ajouterait quelques centaines de francs à son maigre traitement en considération de sa nombreuse famille. Le même rêve semblait bercer dans son coin le garçon de recettes ; quant au caissier, il ne semblait point nourrir d'espérance, peut-être savait-il déjà à quoi s'en tenir ?

Et Bobèche ? — Bobèche était entré dans la maison depuis six mois ; il était parvenu à l'âge de douze ans et ne touchait encore qu'un traitement de quinze francs par mois. Il lui semblait en bonne conscience que cette rétribution n'était point proportionnée à ses importantes fonctions. Outre le courrier qu'il fallait aller chercher tous les jours et la copie des lettres, n'avait-il pas encore le classement, le répertoire de toutes les pièces ? Ne faisait-il pas les courses en ville ? Tout cela valait certainement vingt-cinq francs par mois au bas mot. C'est ce qu'on lui avait dit aujourd'hui à la poste où tous les camarades lui avaient exprimé leur espoir d'être augmentés eux-mêmes.

Et Bobèche se représentait la joie de sa mère quand, arrivé à la maison, il lui dirait : « Devine : — Vingt-cinq francs ! presque vingt sous par jour ! » Bobèche se prenait à espérer qu'en considération de cette augmentation considérable sa mère voudrait bien, quoique pauvre, lui laisser quarante sous par mois pour ses menus plaisirs.

III

L'heure du paiement a sonné ; le patron a déjà appelé le teneur de livres dans son cabinet. Bobèche rougit et tremble à sa place. L'espoir, la crainte se balancent en son esprit. Enfin il n'y tient plus.

— Croyez-vous qu'il m'augmentera ? souffle-t-il au garçon de bureau.

— Peut-être, répond celui-ci laconiquement. Mais pour des étrennes, n'y compte pas. Ce n'est pas l'habitude de la maison.

Enfin le tour de Bobèche arrive.

— Monsieur ! répond-il à l'appel de son nom, et son émotion est telle qu'il a failli se jeter à bas du tabouret sur lequel il était perché.

— Jeune homme, dit le patron d'un air sévère, je ne suis pas très content de vous. Vous restez longtemps en course, particulièrement quand vous allez à la poste. Les lettres ne sont pas très bien copiées…

— Monsieur…

— Ne m'interrompez pas. Enfin vous êtes encore bien jeune.

— J'ai douze ans passé, monsieur.

— Ne m'interrompez pas, vous dis-je. Les affaires n'ont pas été brillantes cette année ; nous ne pouvons pas encore vous augmenter ; dans trois ou quatre mois, peut-être… Mais il faudra que nous soyons plus contents de votre travail, Allez… Ah ! à propos. Vous n'avez pas besoin de venir nous souhaiter la bonne année demain. Nous n'avons pas l'habitude de recevoir nos employés ce jour-là.

Bobèche rentra dans le bureau, anéanti. Tous ses rêves avaient disparu ! Le caissier lui compta ses quinze francs, les employés partirent. L'enfant resta seul avec le garçon de bureau. Il était accroupi à sa place et sanglotait.

— Pauvre Bobèche ! dit le garçon de recettes, tu comptais sur une augmentation. Tu n'es pas assez vieux dans le métier, mon enfant. Allons, console-toi. Il t'a dit que les affaires avaient mal marché, hein ? ou que tu n'as pas assez travaillé… Pauvre petit ! A douze ans… Allons, il ne sera pas dit que tu seras parti d'ici sans emporter d'étrennes. Tiens, Bobèche, et ne pleure plus !

Et le brave homme mit dans la main du jeune garçon une pièce de vingt sous.

— C'est pour acheter des papillotes. Allons, adieu ! Tu me diras merci, en me souhaitant la bonne année après-demain.

Bobèche sortit en essuyant ses larmes, et le garçon de bureau s'empressa d'éteindre le gaz avant de regagner à son tour le cinquième étage où sa femme l'attendait.

IV

Quelques instants après, les pleurs de Bobèche étaient séchés ; il avait presque oublié sa déconvenue en longeant la rue St-Ferréol, merveilleuse ce soir-là.

Quels étalages aux vitrines des boutiques ! Les vingt sous du pauvre enfant sautaient d'eux-mêmes hors de sa poche, comme s'ils étaient mis en fièvre par le voisinage de tant de belles choses ; mais quel rapport pouvait-il y avoir entre ces jouets magnifiques, ces parures, ces trésors de toute espèce, et la pièce blanche de Bobèche ?

Aussi regardait-il tout cela d'un œil désintéressé. Il y a chez le pauvre moins d'envie qu'on ne le prétend. L'habitude de se passer des choses de luxe lui en ôte le désir. Il jouit de les voir sans les posséder, tandis que beaucoup de riches les possèdent sans les voir et n'en jouissent pas. C'est ainsi que Dieu, dans sa providence, établit des compensations.

Chemin faisant, Bobèche se demandait quel usage il ferait de ses vingt sous. Il n'avait à attendre d'étrennes de personne ; sa mère, dont il commençait à être le soutien, étant trop pauvre pour lui en offrir.

Soudain il revit en esprit, dans la petite cour qu'ils habitaient à St-Lazare, le pâle visage de Marie, sa petite voisine, son amie d'enfance, Marie que la maladie tenait clouée au lit depuis plusieurs mois, et dont les parents étaient plus pauvres encore que sa mère à lui.

— Tiens se dit-il, c'est une idée. Si je faisais des étrennes à Marie ?

— Et qui t'en fera à toi ? dit une voix intérieure.

— C'est vrai, tout de même. Il est pourtant bien juste que je m'offre quelque chose avec mes vingt sous. Mais Marie est malade, un petit cadeau lui fera plaisir… Bah ! tant pis. Je saurai bien m'amuser sans argent. Il faut que j'offre des étrennes à Marie.

Cette décision une fois prise, il restait encore une affaire très importante : le choix du cadeau. Bobèche se hâta de quitter la rue St-Ferréol ; il sentait bien que dans ces riches boutiques il n'y avait rien pour lui. Il gagna le cours Belzunce, où se tenait alors la foire aux santons. La foire aux santons est à Marseille ce que la foire au pain d'épices est à Paris. C'est l'une des vieilles coutumes locales qu'aucune révolution n'a renversée. De temps immémorial le commerce de petites crèches en bois ou en écorce de liège, garnies d'un petit Jésus, d'un Saint Joseph, d'une Sainte Vierge en plâtre, avec des anges suspendus au plafond par de trop visibles fils de fer, et des bœufs, des ânes, des chameaux à profusion, — de temps immémorial, dis-je, ce commerce s'est fait à Marseille, à l'époque de Noël. La fabrication de ces crèches est évidemment une industrie du pays ; Saint Joseph a l'air d'un vigoureux paysan provençal, et les bergers que l'on voit arriver par une échelle et sur les flancs d'un rocher en carton peint, portent un costume plus européen qu'oriental. Devant l'enfant Jésus on place ordinairement un petit quinquet qui brûle sans cesse, et toutes ces lumières brillant dans chacune des boutiques provisoires érigées dans la foire, produisent l'effet le plus pittoresque.

Depuis quelques années — faut-il s'en réjouir ou s'en affliger ? — la foire aux santons se modernise, se laïcise, comme nous disons aujourd'hui. On y vend moins de plâtre et plus de sucre ; les pantins et les toupies y font une sérieuse concurrence aux vénérables mages et à leurs chameaux. On y voit brûler moins de quinquets et plus de becs de gaz. Ainsi s'en vont peu à peu les vieilles institutions. Évidemment, nous marchons vers l'effondrement général…

Bobèche ne pensait guère à tout cela en arrivant sur le Cours. Il n'avait qu'une idée : trouver quelque chose qui ne valût qu'un franc et pût plaire à Marie. Une poupée ? L'idée paraît bonne tout d'abord, mais Bobèche ne tarde pas à la rejeter. Une poupée, c'est si banal ! Ah ! si ces petites crèches n'étaient pas trop chères !

Tout à coup, il avise un objet nouveau ; c'est un délicieux bébé de cire délicatement posé sur quatre brins de paille, dans quelque chose qui ressemble à un panier. Un vrai petit Jésus, tant il est ressemblant. Ses pieds et ses mains ont l'air de bouger ; on dirait qu'il gazouille et se trémousse comme on le voit faire aux petits enfants accoutumés à rester éveillés dans leur berceau.

« Voilà mon affaire, » pensa Bobèche.

— Combien ce petit Jésus ? demanda-t-il à la marchande.

— Celui-là ? Deux francs, mon garçon.

— Ah ! c'est trop cher, murmura Bobèche désappointé.

— Trop cher ! un Jésus tout en cire et qu'on dirait vivant ! Mais, regarde-le donc ! Semble-t-il pas qu'il va parler ? On voit bien que tu n'as pas envie de l'avoir, mon petit.

— Oh ! que si ! soupira Bobèche.

— Qu'est-ce que tu veux en faire ? Tu es trop grand pour t'amuser de ces choses-là.

— C'est pour une petite qui est malade, reprit le jeune garçon.

— Pécaïre, est-ce vrai ? reprit la marchande. Et combien m'en donnes-tu, de mon petit Jésus ?

— Je n'ai que vingt sous à dépenser, dit Bobèche.

— Vingt sous ! eh bien, prends-le, pichoun ! Nous serons de moitié dans ton cadeau à la petite.

Et Bobèche, heureux au point d'oublier tout à fait qu'il n'avait pas eu d'augmentation, emporta le Jésus de cire en remerciant la bonne marchande.

Le brave garçon de bureau qui mangeait sa soupe à ce moment-là, ne se doutait pas que sa générosité en avait engendré une autre, puis une autre encore, et que sa pièce de vingt sous faisait la boule de neige en roulant sur le Cours.

V

Bobèche, portant son tout petit Jésus comme s'il eût été vivant, tant il avait peur de le casser, remonta la rue d'Aix et s'enfonça dans le quartier St-Lazare. Arrivé dans la cour où il demeurait, son premier soin fut d'entrer chez Marie.

Celle-ci logeait avec ses parents dans une misérable chambre, à laquelle on arrivait par un escalier extérieur vermoulu. Le père était ivrogne ; la mère, blanchisseuse, avait à pourvoir seule aux besoins du ménage. Rien d'étonnant que la misère eût élu domicile dans ce logis.

Dans un coin, sur un lit composé de quelques planches et d'une paillasse, la petite fille était couchée, Ses yeux noirs brillaient de fièvre, mais son visage avait une expression douce et paisible.

— Bonsoir, Marie, dit Bobèche doucement en entrant dans la chambre. Je t'apporte tes étrennes ; je n'ai pas voulu attendre jusqu'à demain matin.

— Des étrennes à moi ? tu es bien gentil, Bobèche. (Même ici le petit employé était connu par son sobriquet.) — Qu'est-ce que c'est donc ? demanda Marie en se soulevant à demi sur son lit.

— Regarde, dit le jeune garçon en découvrant le bébé de cire. Un petit Jésus !

— Merci, Bobèche, merci ! Comme il est joli ton cadeau ! C'est de la foire que tu me l'as apporté ?

— Oui.

— Regarde, mère ! dit la petite malade ; on le dirait vivant. C'est Bobèche qui me le donne.

La mère venait d'entrer, un seau à la main. Elle s'extasia comme de juste devant le cadeau.

— Moun Dieou, quès béou![a] répétait-elle en joignant les mains après l'avoir admiré.

— Toi qui es si pieuse, dit Bobèche à Marie, j'ai pensé que tu aimerais ça. Tu pourras y dire tes prières chaque matin, censément comme si c'était un Christ suspendu près de ton lit.

Marie devint grave soudain : je n'ai pas besoin de ça, dit-elle. Je vois le Seigneur Jésus sans cela.

Quelquefois je le vois dans sa crèche, ou bien lorsqu'il prenait des enfants dans ses bras ; ou bien lorsqu'il guérissait les malades. D'autres fois, je le vois sur la croix, et même il me regarde.

— Tu as donc un livre d'images ?

— Non, je n'ai pas d'images.

— Alors c'est quand tu rêves que tu vois Jésus ainsi ?

— Non, je ne rêve pas.

— Ah ! par exemple ! fit Bobèche étonné.

— C'est là que ça se passe, dit-elle en mettant sa main sur son cœur. J'ai un livre où il n'y a pas d'images, mais qui raconte toute l'histoire de Jésus ; et maintenant que je ne puis plus lire, ça me revient la nuit. Quand je ne dors pas, je ferme les yeux tout de même, et c'est alors que je revois toutes ces choses. Par exemple, le Bon Berger qui porte son agneau sur ses épaules, eh bien, quelquefois, c'est comme si je voyais son portrait sur la muraille, mais un portrait vivant, puisque je l'entends parler.

---

a. Mon Dieu, qu'il est beau !

— Et qu'est-ce qu'il dit ?

— Oh ! des choses que j'ai apprises dans le livre qu'on m'a donné à l'école du dimanche. « je suis le bon berger, le bon berger donne sa vie pour ses brebis… Je connais mes brebis et mes brebis me connaissent ; je les appelle par leur nom et elles me suivent. » Alors je lui parle et le lui dis : « Bon berger, appelle-moi ! » Et il me répond : « Voici, je viens bientôt. » C'est encore une parole qui est dans mon livre.

— Je voudrais bien que tu me le prêtes, ton livre, dit Bobèche.

— Oui, je veux bien te le prêter ; prends-le là sur l'étagère. Tu le garderas tant que je serai malade et tu viendras me le lire quelquefois. Et puis, écoute : Garde-le tout à fait, ça sera tes étrennes. Tu m'as donné un petit Jésus, moi je t'en donne un autre. Tu verras son histoire dans ce livre.

— Mais toi, tu en auras besoin, dit le petit garçon.

— Oh ! moi, répondit Marie, je ne crois pas. Tout à l'heure, avant que tu viennes, quand j'étais seule dans la chambre, si tu savais ce que j'ai vu ! je n'étais plus ici, j'étais dans une grande salle où se trouvaient beaucoup de gens. J'étais couchée sur mon lit et je voyais sur un beau fauteuil de velours Jésus assis devant moi. J'avais peur — il était si beau, si bien habillé, si brillant, mais il me dit :

— Veux-tu être guérie ?

Alors j'ai répondu : Oui, Seigneur. Et tout à coup je me suis trouvée debout, le lit avait disparu et moi aussi j'étais habillée toute en blanc, comme ceux qui étaient là, comme Jésus lui-même.

— Et qu'est-ce que cela veut dire ? demanda le petit garçon.

— Je ne sais pas, mais je pense — ici la petite fille baissa la voix — je pense que cela veut dire qu'il viendra bientôt me chercher pour aller au ciel.

— Mais non, puisque tu seras guérie.

— Oui, mais pas dans cette chambre, répondit Marie avec un sourire. Adieu, Bobèche, merci pour ton cadeau ; tiens, prends tes étrennes.

VI

Bobèche rentra chez lui et remit à sa mère les quinze francs de son mois.

— Eh bien, pas d'augmentation ? demanda-t-elle.

Le petit garçon secoua la tête.

— Et pas d'étrennes non plus ?

— Des étrennes ? Ah si ! Marie vient de m'en donner.

— Marie ! des étrennes de Marie ! tu es fou, je pense ! Tu veux dire ton patron.

— Non, le patron me m'a rien donné, mais Marie vient de me faire un cadeau. C'est un livre…

— Nous avons besoin d'autre chose que de livres, mon pauvre garçon.

Et la mère passa dans la cuisine sans attendre de nouvelles explications, vexée de l'insuccès de son fils.

Le lendemain, Marie était guérie. On la pleura longtemps dans la vieille cour. Bobèche n'a pas de plus cher trésor que son livre, son petit Nouveau Testament, les seules étrennes qu'il ait reçues ce jour-là, outre les vingt sous du garçon de bureau.

23
Histoire de La Motte

I

Il y avait une fois, voilà bien longtemps, un village appelé La Motte. C'était une des localités les plus curieuses qu'on ait jamais vues. Tous les habitants de ce village, sans exception, portaient le même nom, et c'était le nom de La Motte. L'histoire raconte qu'ils étaient tous les descendants d'un même ancêtre, mais ce premier La Motte ne faisait guère honneur à sa progéniture, car il n'était venu s'établir dans ce coin perdu qu'après avoir été chassé pour cause d'indélicatesse d'un très beau domaine dont il était l'intendant.

Sa race s'était multipliée, mais ne valait pas mieux que lui, au contraire. Bien loin que l'harmonie et la paix régnassent dans ce village habité par une seule famille, il n'y avait pas, à vingt lieues à la ronde, de population plus querelleuse. La vanité, la jalousie, l'égoïsme enfin faisaient un enfer de ce qui aurait pu être un paradis. Tous les La Motte étaient loin de se reconnaître pour frères ou même pour cousins. Les esprits forts, parmi eux, déclaraient que la commune origine des La Motte était une légende ; d'autres allaient jusqu'à prétendre que l'ancêtre commun n'était pas un homme, mais quelque animal assez semblable au singe. Le jeu inévitable des intérêts et des passions avait créé des inégalités sociales : il y avait des La Motte riches et des La Motte pauvres ; il y en avait de lettrés et il y en avait d'ignorants. Toutes ces classes étaient profondément séparées.

Le seigneur du pays, dont le château s'élevait sur un monticule au milieu du village, se faisait appeler M. le marquis de La Motte de Terre. Il faisait peser sa tyrannie sur les paysans qui, cependant, étaient du même sang que lui. Un autre La Motte, revenu des guerres lointaines avec une jambe de moins, prenait le nom de chevalier de La Motte-Sanglante ; c'était un fier-à-bras qui ne parlait que de couper les oreilles aux pauvres La Motte qui ne le saluaient pas assez obséquieusement. Au-dessous de cette haute aristocratie se plaçaient maître La Motte-Grippesou, tabellion, et messire Esculape La Motte, médecin, qui, avec mesdames leurs épouses, constituaient la seule société sortable de l'endroit.

Quant aux La Motte roturiers et vilains, ils se distinguaient les uns des autres par toutes sortes de surnoms ; mais la plus nombreuse tribu était celle des La Motte-Foulée, laboureurs et artisans de toute espèce. Cette société inférieure se vengeait comme elle pouvait des dédains de la pseudo-aristocratie qui gouvernait le village ; elle se réunissait, le samedi soir, chez La Motte-Sèche, le cabaretier, et à voix basse, quelquefois même à voix haute, maugréait contre les grands La Motte, ou se moquait d'eux.

« Après tout, disait parfois La Motte-aux-Vers, le vieux fossoyeur, en faisant retomber son hanap sur la table, après tout, ce sont nos cousins, et au cimetière nous serons tous égaux ! »

La Motte-aux-Vers avait le vin triste.

II

Une étrange prophétie s'était transmise de père en fils, et mieux encore de mère en fille, parmi les habitants du village. Cette prophétie remontait, disait-on, jusqu'au premier ancêtre, qu'elle avait consolé de sa déchéance : un jour, une fille de La Motte serait épousée par le Roi en personne, et le prince qui naîtrait de cette union ferait le bonheur de tout le pays.

La plupart des habitants du lieu faisaient des gorges chaudes de ces prophéties. « Voyez-vous, disaient-ils, notre sire le Roi, qui oncques ne visita cette province, venir chercher ici une épouse ? »

Mais quelques-uns y croyaient, sans trop oser le dire ; et les femmes surtout, en leur prime jeunesse, se prenaient à rêver d'un prince, arrivant en grande pompe pour demander leur main... Plus tard, elles faisaient le même rêve pour leurs filles. Mais le temps passait, et l'oracle ne s'accomplissait point.

Cependant, le marquis de La Motte de Terre était toujours plus insolent, le chevalier de La Motte-Sanglante toujours plus orgueilleux, maître La Motte-Grippesou toujours plus inexorable... Et ce n'étaient point les remèdes de ce pauvre Esculape La Motte, ni le vin aigrelet de La Motte-Sèche, qui pouvaient guérir les maux de toute cette population querelleuse et opprimée. Il semblait bien, en vérité, que la seule philosophie qui valût quelque chose fût celle du fossoyeur déjà nommé, qui disait souvent, après boire :

« Patience, mes bons amis, le cimetière arrange tout ! »

Je l'ai dit, La Motte-aux-Vers avait le vin triste.

III

Et cependant, il arriva, le grand événement prédit depuis tant d'années !

Ce fut une chose merveilleuse et charmante ; une idylle comme on n'en voit pas. Monseigneur le Roi épousa, par mariage authentique, avec ses principaux seigneurs pour témoins, une humble fille du village.

La chose ne se passa point en grande pompe, comme l'avaient rêvé les femmes, et, certes, celle qui fut choisie ne fut pas celle qu'on aurait cru. Ni la famille du marquis, ni celle du chevalier, ni celle du tabellion ne furent honorées de la royale alliance. La jeune fille appartenait à la branche la plus pauvre des La Motte-Foulée. Elle était orpheline, mais l'un de ses ancêtres avait été un des plus vaillants chevaliers du prince, et par ce côté-là sa noblesse était des plus authentiques.

Le mariage fut secret, le Roi l'ayant voulu ainsi, pour des raisons de la plus haute importance. Mais lorsque son Fils vint au monde, il voulut que cette naissance fût dûment constatée, afin que nul, plus tard, ne pût contester la légitimité du Prince. C'est pourquoi, une nuit, on vit plusieurs grands seigneurs de la cour, dans les campagnes avoisinant le village, rassembler quelques pauvres bergers qui gardaient leurs moutons à la clarté des étoiles. « Allez, leur dirent-ils, allez voir au village, dans la plus pauvre de vos chaumières, ce qui vient d'arriver ! Le fils du Roi vient de naître, et sa mère est de votre famille ! »

Apeurés à la vue de ces magnifiques ambassadeurs (car, pour que la constatation fût certaine, le Roi avait tenu à ce qu'ils se montrassent en grand costume) les bergers ne purent pas douter de leur dire, car voici qu'en arrivant à la maison où logeait l'orpheline qui était de leur race, ils virent un petit enfant couché sur de la paille, le logis étant trop pauvre et trop exigu pour contenir un berceau!

Si les habitants de La Motte avaient eu la moindre lueur de bon sens, dès que la nouvelle de cette naissance extraordinaire se fut répandue, ils seraient allés ensemble, le haut et puissant marquis à leur tête, rendre hommage au Prince nouveau-né. Ce ne fut pas ce qui arriva.

Le cruel seigneur, sans croire tout à fait que la chose fût vraie, en fut tout de même humilié dans son orgueil, effrayé dans ses ambitions : à tout hasard, il fit étrangler quelques pauvres enfants, espérant que le prétendu prince serait du nombre de ses victimes. Le chevalier de La Motte-Sanglante se contenta de hausser les épaules. Le tabellion resta le nez plongé dans ses registres ; c'était l'époque du terme, il fallait faire rentrer l'argent des fermages, et ce souci était bien plus absorbant pour lui que la naissance d'un enfant, qu'il fût prince ou roturier. Le médecin, penché sur ses alambics, cherchait la pierre philosophale, et ne prit pas même garde à ce qu'on lui dit.

Hélas! tous les La Motte-Foulée, à peu d'exceptions près, se montrèrent incrédules au récit de cette naissance qui, cependant, leur promettait le bonheur! Rassemblés chez le cabaretier, comme à l'ordinaire, ils faisaient les sceptiques, et riaient de la naïveté de ces pauvres bergers, qui avaient fait un beau rêve et avaient cru que c'était arrivé. Et toujours, dans ces conversations, le dernier mot restait à La Motte-aux-Vers :

« Ce qui finira notre misère, mes amis, disait-il entre deux hoquets, ce n'est pas un berceau, c'est une tombe ! »

IV

Cependant, l'enfant protégé secrètement par le Roi son père, resta près de sa mère, dans la pauvreté, et grandit sans que personne soupçonnât sa grandeur. Il se mêlait aux enfants du village, à ceux du moins dont l'extraction était pareille à la sienne, à tous les petits La Motte-Foulée. Et il était si simple, si naturel, si semblable à tous les autres enfants, que sa mère elle-même, si elle n'avait su ce qu'elle savait, n'aurait pu reconnaître en Lui son Maître et son Seigneur.

Vers l'âge de douze ans, il fit une absence mystérieuse, d'où il revint aussi soumis que jamais à l'humble femme qui lui avait donné le jour, mais avec la conscience nouvellement acquise de son rang et de sa dignité. Puis, tout alla ainsi pendant de longues années. Il fallait gagner sa vie. Le jeune Prince se fit artisan comme tant d'autres membres de sa famille. Il fit la corvée du château, comme les autres ; il fut opprimé comme les autres. Et sa mère, et les bergers, tout vieux maintenant, et les quelques bonnes âmes qui avaient cru à sa royale origine, se disaient parfois tout étonnés :

« Quand donc le Roi son père lui donnera-t-il l'ordre de se présenter à la cour ? Et quand donc verrons-nous s'accomplir le reste des choses promises : tout le pays rendu heureux par le Prince né parmi nous ? »

V

Un jour, enfin, le Prince se révéla. Muni des ordres secrets du Roi, il osa se lever et appeler à lui tous les membres de la famille opprimée. Beaucoup se refusèrent à le suivre ; ils ne croyaient pas en lui, et la terreur que faisait peser sur eux le sinistre seigneur les retenait dans l'obéissance. Pourtant, les plus misérables de la branche de La Motte-Foulée le suivirent ; c'était une troupe insignifiante, en comparaison des gens d'armes qui gardaient le château. Mais l'amour de la liberté les animait, et par-dessus tout, leur confiance au jeune chef qu'ils savaient être leur seigneur suprême. Ils ne comprenaient pas que le Roi tout-puissant ne vînt pas à leur secours avec ses armées ; il lui eût été si facile de venir reconnaître son fils, réduire leurs ennemis à l'impuissance, et leur donner enfin le bonheur qu'il leur avait promis !

Quand on lui parlait ainsi, le Prince répondait : « Soyez tranquilles ; je connais mon Père. Je le vois souvent, bien que vous ne le voyiez pas. Il interviendra à son jour et à son heure ; mais il veut que, pour être libres, vous vous montriez dignes de la liberté. Il veut aussi que je gagne mes éperons dans cette lutte inégale. Ne craignez rien, combattez courageusement, et la victoire sera pour nous ! »

La lutte fut ardente. Les pauvres serfs, mal armés, semblaient à jamais incapables de prendre d'assaut le château, derrière lequel le marquis et le chevalier se riaient de leurs efforts.

Ils ne rirent pas toujours.

Un soir, le Prince entra seul par une poterne du château, moins bien gardée que les autres. Ses soldats improvisés n'osèrent le suivre.

Armé d'une épée qu'il avait reçue de son père, il combattit seul contre la horde des tyrans. Ce fut un combat héroïque, que raconteront les bardes attachés au service du Roi aussi longtemps que son trône subsistera. Devant lui tombèrent les guerriers les plus fameux, et ce noble chevalier de La Motte-Sanglante, qui jusque-là, se vantait de n'avoir reculé devant personne. Le marquis lui-même ne dut sa vie qu'à l'épaisseur des murailles de son donjon, où il s'était enfermé, tremblant de peur. La victoire était remportée, mais à ce moment, attaqué lâchement par derrière, le Prince tomba. On le crut mort. Il l'était, suivant toute apparence, et les serfs désolés s'apprêtaient à lui rendre les honneurs funèbres, tandis que les vaincus de tout à l'heure poussaient des cris de joie, lorsque le Roi en personne arriva sur la scène, suivi d'une nombreuse armée. Il vit son fils gisant sur le sol, il se pencha sur lui. Ce fut un moment solennel.

Tout à coup, on vit le fils se relever : son père avait versé dans ses plaies un élixir souverain ; il revivait pour recevoir enfin la gloire qui lui était due, le titre et les honneurs qui revenaient à son rang, et qu'il avait conquis par sa vaillance !

Le vieux château fut rasé. Tous les La Motte orgueilleux furent faits prisonniers, envoyés dans une partie éloignée du royaume pour y maudire à jamais leur folie et leurs crimes. Le tabellion fut banni. Tous les La Motte-Foulée, délivrés d'une longue oppression, devinrent frères les uns des autres. Le cabaret ferma ses portes, et le vieux La Motte-aux-Vers, dont l'emploi devenait inutile, passa désormais ses longs jours de loisir à cultiver des fleurs dans le cimetière.

24
Noël à Paris

I

Monsieur Chamusot venait de fermer la grande porte d'entrée ; Madame Chamusot était montée jusqu'au cinquième pour éteindre les becs de gaz de l'escalier. Il était donc dix heures du soir, pas une minute de plus ni de moins, car la maison dont M. et Mme Chamusot étaient depuis trente ans les concierges redoutés était, en fait de ponctualité, le modèle des maisons du quartier.

Une fois la porte de la loge refermée sur eux, M. et Mme Chamusot s'assirent en face l'un de l'autre. C'était le 24 décembre, et la rue, l'une des plus paisibles du faubourg Saint-Honoré, était fort animée ce soir-là. Si sa dignité lui eût permis de regarder à travers les carreaux de sa fenêtre, M. Chamusot eût aperçu une foule de gens qui se dirigeaient vers le centre de Paris pour voir les boutiques illuminées.

Mais qu'il y ait des passants ou non, que les boulevards soient illuminés ou ne le soient pas, que le monde entier se réjouisse ou s'afflige, qu'est-ce que cela fait aux cariatides qui soutiennent le balcon de la façade ? Rien assurément. Elles portent sur leurs épaules le même poids d'un bout de l'année à l'autre ; elles ont toujours la même expression de contentement stupide. Il n'y a rien de surprenant à cela, puisqu'elles sont de pierre. Mais je ne connais personne au monde qui ressemble autant à ces cariatides, que les respectables concierges susnommés.

Eux aussi semblent porter la maison tout entière sur leurs épaules ; eux aussi sont là, immuables comme les statues de la façade, du 1er janvier au 31 décembre, à la différence de quelques rides de plus et de quelques dents de moins. Noël, les joies de l'enfance ! Il y a beau temps qu'ils ne pensent plus à ces fadaises-là, s'ils y ont jamais pensé. Cependant, on remarque chaque année, vers cette époque, un changement chez eux, une sorte de mue passagère et incomplète : leurs traits, ô miracle, s'adoucissent, ébauchent même un sourire — et quel sourire ! — au passage des locataires ; j'entends de ceux qui logent du 1er au 4e étage inclusivement. Mais l'Enfant de Bethléem n'est pour rien dans ces surprenantes aménités : la perspective des étrennes, voilà ce qui a transformé, pour huit jours, le masque de nos deux cariatides.

Ce soir-là donc, leur besogne terminée, ils sont assis en face l'un de l'autre. Un gros chat blanc, pelotonné devant le fourneau, ronfle doucement. Et les deux époux, dans l'atmosphère chaude et lourde de leur loge, enfoncés chacun dans un vieux fauteuil, débris fort confortable de quelque déménagement, ont l'air de se pelotonner aussi dans leur bien-être, tandis qu'un vent de neige souffle au dehors.

Aucun d'eux ne parle ; ils se sont tout dit depuis longtemps déjà, mais soudain la vieille femme se lève, comme mue par une pensée irrésistible. Elle regarde son mari dans les yeux ; celui-ci fait de la tête un signe approbateur.

La vieille femme ferme soigneusement les volets extérieurs, tire les rideaux de la fenêtre, et revient fermer à clé la porte de la loge.

Puis lentement, avec une sorte d'hésitation, elle se dirige vers une grande armoire de chêne, le meuble principal. Elle a tiré de sa poche la clé de cette armoire ; elle l'ouvre. Pendant ce temps, le mari a étendu sur la table un vieux châle qui couvrait le lit, et il attend, les deux mains appuyées sur ce tapis, les yeux rivés sur sa femme et comme brillants de fièvre.

Aucun d'eux ne parle ; ils sont trop émus pour cela. La femme pose sur la table une boîte, fermée par une serrure. Le mari, à son tour, tire une clé de son gousset. C'est une précaution qu'ils ont prise à l'égard l'un de l'autre : à la femme la clé de l'armoire, au mari celle de la cassette. Touchante confiance entre de vieux époux !

La boîte est ouverte, et à la lueur du bec de gaz qui éclaire la loge, l'or brille, mais non d'un éclat plus vif que ces deux paires d'yeux. Leur visage, jaune d'ordinaire, est devenu cramoisi ; ils tremblent, ils palpitent ; de délicieuses émotions se sont emparées de leur cœur.

Mages, bergers, bonnes âmes de tous les temps ! Penchez-vous sur la crèche de Bethléem pour adorer l'Enfant divin, et pour lui offrir ce que vous avez de plus précieux ! Voici des gens qui n'ont pas besoin d'aller si loin ; leur enfant, leur trésor, leur Sauveur, leur Dieu, le voilà ! Et puissiez-vous adorer le vôtre comme ils savent adorer le leur.

Ils osent enfin plonger leurs doigts dans la cassette. Et le mari dit à voix basse :

— Comptons.

— Comptons, répond la femme.

Depuis des années, presque chaque soir, ils comptent ainsi. Chacun d'eux sait la somme d'avance, ils n'y ajoutent rien, ils n'en retirent rien pour le placer en rentes sur l'État, sans s'être consultés. Mais quel plaisir que celui de palper cet or, de sentir au bout de ses doigts le froid du métal, plus doux qu'un baiser!

Quand les marronniers sont en fleurs, quand les arbres des Champs-Elysées sont pleins de nids, quand la Seine, le soir, roule ses ondes mystérieuses, reflétant à la fois les clartés du ciel et celles de la terre ; quand le divin printemps étend sur la ville son sceptre magique et fait circuler ses parfums sur les trottoirs encombrés, poétisant l'asphalte elle-même, les deux avares sont là, devant cette table, adorant leur dieu. Ils ont, ici, leurs fleurs, leurs oiseaux, leurs parfums. C'est toujours le printemps pour eux ; leur soleil est emprisonné dans cette boîte carrée.

— Trois mille six cent vingt, dit enfin M. Chamusot devant les piles alignées. Il faudra placer cela, nous perdons des intérêts.

La femme répond par un hochement de tête qui semble dire : « Quel dommage de s'en séparer ! » Comme pour prévenir cette objection, le concierge ajoute :

— Il y aura bientôt les étrennes.

— Au moins trois cents francs, reprend Mme Chamusot, un peu consolée à cette perspective.

Il n'y a plus d'or à compter, mais il reste, dans un tiroir, deux ou trois écus. Puis, afin de ne rien oublier dans cet inventaire, M. Chamusot se fouille, sa femme en fait autant ; tous deux vident leur porte-monnaie sur la table...

Le porte-monnaie d'un avare, quel poème ! Il a coûté treize sous dans un bazar quelconque, et voilà trois ans qu'il sert. Mais, si usé qu'il soit à l'extérieur, pas un point n'y manque ; pas un trou par où la moindre pièce puisse s'échapper. Les gros sous l'ont teint au dedans de leur rouille verdâtre ; il y a de tout : des médailles de la Vierge trouvées en balayant le trottoir, des pièces d'un centime, de vieux boutons. Dans le compartiment du milieu, deux ou trois pièces blanches, la réserve dont on ne se sépare qu'à regret, le plus tard possible !

Parmi ces pièces blanches, M. Chamusot en retient une entre ses doigts.

— Elle est fausse ! dit-il en colère. Qui me l'aura passée ? le boucher, le boulanger peut-être ? Ils sont tous si voleurs !

Mais Mme Chamusot est en veine de générosité.

— Allons, ne te fais pas de mauvais sang, dit-elle. Si tu ne peux pas la repasser avant, tu la donneras à Louis, notre petit-neveu, quand il viendra nous souhaiter la bonne année.

Louis, c'est le fils d'un neveu de M. Chamusot. M. Chamusot a perdu son frère il y a quatre ans ; son neveu est mort l'année suivante, laissant trois enfants et une veuve, qui habitent le faubourg Saint-Antoine. Tous les ans, Louis, l'aîné des enfants, vient voir son grand-oncle au jour de l'an. Il y a deux ans, celui-ci lui a donné cinq francs pour ses étrennes, mais Mme Chamusot a trouvé cette générosité exorbitante et a beaucoup grondé. L'année dernière il s'est borné à deux francs. Cette année, le grand-oncle met à part une pièce fausse de vingt sous pour son petit-neveu. Et tandis qu'ils décident ensemble cet acte de libéralité, le mari et la femme échangent un regard plein de sous-entendus...

II

— Bonsoir, braves gens, dit une voix.

Les deux concierges se retournent, effarés. Mme veut crier, mais l'émotion l'étrangle. M. Chamusot est devenu blême. Tous les deux, campés devant la table, lui faisant un rempart de leurs corps, regardent avec stupeur cet intrus qui est entré par miracle, dans une chambre fermée à clé!

L'intrus est un grand vieillard, vêtu d'une vaste houppelande, de couleur brune, qui descend plus bas que les genoux. Ses cheveux, d'une blancheur de neige, tombent en longues boucles sur ses épaules légèrement voûtées ; il porte un chapeau à larges bords sous les ailes duquel brillent des yeux profonds, ombragés de sourcils aussi blancs que les cheveux. La barbe est longue, elle a des reflets d'argent. Il tient à la main un bâton de voyageur.

— Bonsoir, répète-t-il d'une voix railleuse. Je vois, monsieur Chamusot, que vous pensez à vos héritiers, je vous en félicite. Ce cher petit Louis va-t-il être content de ses étrennes!

— Qui êtes-vous ? s'écrie le concierge hors de lui.

— Votre ami, mon cher monsieur Chamusot, votre ami et celui de votre famille. Je vous ai surpris ? Excusez-moi.

— Allez-vous-en! bégaie le malheureux portier, ou j'éveille toute la maison.

— Vous crierez au voleur, n'est-ce pas ? Et quand on viendra pour l'arrêter, le voleur, savez-vous qui ce sera ? Ce sera vous, mon cher ami, ce sera vous! Et l'on trouvera dans cette boîte l'héritage de votre frère Philippe, que vous avez dérobé à son fils, votre propre neveu, le père de ce petit Louis, à qui vous allez donner une pièce fausse !

— Pas si fort, pas si fort, monsieur, supplie la vieille femme plus morte que vive. Qui êtes-vous ? que voulez-vous ?

— Qui je suis, cela vous importe peu, hélas ! je suis celui qui passe chaque année à travers le monde, semant la joie dans tous les cœurs purs, l'espérance dans tous les cœurs brisés, le pardon dans tous les cœurs repentants. Si vous l'aviez voulu, j'aurais laissé ici l'une de ces trois choses, ou toutes les trois ensemble. Je suis Noël.

— Noël ! répétèrent les deux vieillards surpris.

— Ce que je viens faire chez vous, le voici : A la mort de votre frère Philippe, il y a quatre ans, vous avez été un moment seul dans la chambre. Vous en avez profité pour ouvrir un meuble, dans lequel vous saviez que votre frère, presque aussi avare que vous, avait mis son argent. Vous avez pris les trois mille francs qui étaient cachés là. L'héritier légitime, son fils, n'a trouvé que quelques hardes. Cet argent lui eût été bien utile, car il était pauvre. L'année suivante, c'est lui-même qui est mort, tué en grande partie par la misère. Sa femme s'est trouvée veuve, sans ressources avec trois enfants. Vous auriez dû restituer, vous ne l'avez pas fait... Je viens chercher cet héritage pour l'apporter à votre nièce qui en a besoin. Combien y a-t-il là ?

— Trois mille francs, murmura Mme Chamusot ; tout notre avoir...

— Vous mentez, il y a davantage, mais ce sera pour les intérêts. Vous avez autre chose encore, car je vous laisse votre pièce fausse, cher monsieur Chamusot... et vos rentes sur l'État. Allons, donnez-moi cette cassette.

— Jamais! crièrent à la fois les deux concierges. L'avarice était plus forte que la peur, plus forte que la honte, plus forte que tout.

— Jamais! répéta le visiteur; nous allons voir.

Il leva son bâton, et l'homme et la femme reculèrent. Mais il se contenta d'en toucher la cassette, en la regardant fixement, d'un regard surnaturel.

Aussitôt, les pièces d'or sautèrent d'elles-mêmes sur la table et sur le plancher. M. et Mme Chamusot les virent rouler dans toutes les directions. Éperdus, n'écoutant que leur instinct, ils se baissèrent pour les ramasser… O terreur! Sous les regards de l'homme aux cheveux blancs, les pièces d'or s'étaient transformées à vue d'œil. Chacune d'elles brillait d'un éclat insupportable. Elles s'élargirent; des pattes longues, multiples, affreuses, leur poussaient comme aux araignées et aux crabes. Alors, elles s'acharnèrent après les deux avares; elles s'attachèrent à leurs jambes, à leurs mains, jusqu'à leur cou, avec une horrible ténacité. M. et Mme Chamusot, haletants, se débattaient en vain. L'or vivait, grouillait, mordait, brûlait. Et l'on eût dit qu'une même pensée animait tous ces êtres ignobles; c'est vers le cœur de leurs victimes qu'ils se concentraient de plus en plus.

— Grâce grâce! crièrent enfin les malheureux épouvantés.

Noël les regarda, vit leur souffrance et eut pitié d'eux. Il frappa le plancher avec son bâton; toutes les pièces d'or reprirent leur forme naturelle, et leur place dans la cassette.

— Donnez-la-moi, dit-il, et qu'il n'y manque rien. Puis, s'emparant du trésor, il ouvrit lui-même la porte et disparut dans le corridor sombre en disant :

— Le cordon, s'il vous plaît !

M. Chamusot tira le cordon, et Noël, fermant la porte derrière lui, se perdit parmi les passants qui, à cette heure, se dirigeaient vers les églises pour entendre la messe de minuit.

III

L'homme à la houppelande, cachant sa cassette sous les plis de ce vêtement, descendit d'un pas rapide vers la Madeleine.

Il était onze heures ; la foule encombrait les marches de l'église et le péristyle ; à travers les portes ouvertes, on apercevait le maître-autel resplendissant, et, dans l'âpre vent de la nuit, des bouffées de musique et d'encens arrivèrent jusqu'au vieillard.

— Pauvres gens ! disait-il en voyant cette foule. C'est là qu'ils vont chercher l'Enfant promis au monde ! Qu'il y a loin de tout ceci à la crèche ! Ah ! que ne cherchent-ils, là où il se trouve, celui qu'ils prétendent adorer !

En parlant ainsi, Noël s'engagea sur la ligne des grands boulevards.

Voici Noël !

Sur son passage, les cochers de fiacre engourdis par le froid, se sentent subitement réchauffés ; les marchands, dans leurs petites boutiques, reprennent courage, annonçant d'une voix plus forte « l'article de Paris, » le nouveau jouet de l'année…

Voici Noël !

Le vent qui s'engouffre dans les plis de son manteau, souffle moins glacial, moins lugubre après l'avoir touché ; les becs de gaz semblent briller plus joyeusement à son approche ; les pavés paraissent moins noirs ; le vagabond qui cherche chaque soir un hangar, une porte cochère, une charrette pour y dormir, oublie le sommeil, et la rue elle-même devient clémente et hospitalière pour lui.

Voici Noël !

Il marche, et le passant qui le frôle éprouve comme une commotion joyeuse. Mais ce mystérieux rayonnement s'étend plus loin. Tandis que ce grand vieillard traverse Paris, la cité tout entière subit son influence. C'est l'heure où les lumières brillent dans toutes les demeures, pauvres ou riches, d'un éclat inusité, depuis le lustre du Grand-Hôtel jusqu'à la veilleuse suspendue au plafond blafard des salles d'hôpital…

Voici Noël !

C'est l'heure où, tandis que le vent gémit dans les cheminées, les petits enfants voient en rêve une avalanche de jouets dégringoler dans l'âtre, et des sourires errent autour de toutes ces lèvres roses, dans chaque quartier, dans chaque rue, dans chaque maison, partout où se trouve une mère !

Voici Noël !

Rien ne l'arrête jamais. Tous les ans, à pareille heure, on le voit apparaître. Il est entré dans Paris malgré le siège, et que de cœurs n'a-t-il pas réchauffés cette année-là ! Il est toujours vieux, mais toujours jeune ; c'est le juif-Errant du bonheur. Les nations changeront de drapeau, les philosophes changeront de systèmes, les villes changeront de place ; mais Noël reviendra chaque année, tant qu'il y aura un soleil pour mesurer le cours des ans…

Cependant, il marche toujours. Il a déjà dépassé la porte Saint-Denis, la Place de la République, la Bastille. Il se dirige à grands pas vers le faubourg Saint-Antoine, qui, lui aussi, est illuminé à sa façon et retentit de mille bruits joyeux.

IV

Au cinquième étage d'une maison de la rue des Boulets, dans une mansarde dont le plafond à angle aigu n'est autre chose que le toit de la maison, plein de crevasses à travers lesquelles le vent de décembre passe à son gré, une femme de vingt ans à peine, presque une enfant, agonise sur un grabat.

Un fourneau de fonte, dont le tuyau passe à travers le toit, et dans lequel se consument deux ou trois morceaux de charbon, une chaise boiteuse, une table sur laquelle on voit une tasse et un chandelier où brûle un reste de bougie ; dans un coin, un sac de paille sur lequel dort un petit enfant couvert de quelques haillons, voilà, avec le lit sordide sur lequel la jeune femme est couchée, tout l'ameublement de la chambre.

La malade est couverte d'un drap grossier et d'une méchante courte-pointe de laine grise, mais son agitation est extrême ; la fièvre la consume, elle est en proie au délire et parle à haute voix :

— Mourir et laisser mon enfant, dit-elle, mon Dieu est-ce possible ? Mais qui l'élèvera, qui prendra soin de lui ? Laissez-moi vivre, Seigneur, et je vous promets d'expier toutes mes fautes… Je l'aurais tant aimé, cet enfant, j'aurais été, je le sens, aussi bonne pour lui que le fut ma mère pour moi… Ma mère ! Faudra-t-Il que je parte sans l'avoir revue, sans avoir reçu son pardon ?… J'ai brisé son cœur, et je ne sais même pas si elle vit encore ! Ah ! si je pouvais la voir, me jeter à ses pieds ; si seulement avant de m'en aller, quelqu'un venait me dire : Ta mère te pardonne !

— Ta mère te pardonne ! dit une voix, semblable à un écho.

— Qui est là ? est-ce vous, voisine ? s'écria la malade en se soulevant sur son séant.

Mais elle ne vit personne, car Noël était entré sans bruit, et la clarté mourante de la bougie n'arrivait pas jusqu'à la porte.

— J'aurai rêvé, se dit-elle. Ou peut-être le bon Dieu m'a-t-il exaucée en m'envoyant l'un de ses anges.

— N'en doute pas, ma fille, reprit la voix.

Elle était si douce, cette voix, que la malade n'en ressentit aucun effroi. Une main se posa sur son front brûlant, et aussitôt un grand calme l'envahit, un sentiment profond de paix et de bien-être.

— Regarde ! dit Noël à voix basse, en se penchant sur elle.

A cet ordre, la malade ouvre les yeux, et voici que soudain la chambre est devenue gaie ; la lumière s'est ranimée ; le feu ronfle dans le poêle. Ce ne sont plus les mêmes meubles. Un rouet, dans un coin, tout prêt, garni de laine, semble dormir à la place du petit enfant. Le petit enfant, c'est elle, c'est la pauvre fille, qui se revoit telle qu'elle était il y a quinze ans ! Et cette femme qui se penche sur elle, souriante, et l'embrasse sur le front, n'est-ce pas sa mère ?

— Endors-toi, mon enfant, dit-elle. Je te pardonne, je te pardonne !

La malade lui tend les bras, mais elle ne peut la saisir.

— Ma mère ! s'écrie-t-elle, et une expression pénible se peint sur son visage ; elle ne dure qu'un instant. La vision a disparu.

— Regarde encore ! dit le vieillard à voix plus haute.

La jeune femme obéit. Cette fois-ci, elle se voit dans une grande salle brillamment éclairée. Des chaises, des chaises en quantité ; une estrade, un orgue, un monsieur qui parle… et tout au fond, on voit un grand écriteau rouge, avec des lettres d'or :

« Je ne mettrai point dehors celui qui viendra à moi, » dit Jésus-Christ. « Quand vos péchés seraient rouges comme le cramoisi, ils seront blanchis comme la neige. » « Je suis le Bon Berger, le Bon Berger donne sa vie pour ses brebis. »

Le monsieur qui parle, debout sur l'estrade, a la main tournée vers cet écriteau. Il regarde la jeune femme ; il semble ne parler que pour elle, il lui dit :

— Croyez-vous cela ?

— Oui, répond-elle faiblement.

Mais, tout à coup, les lumières se sont éteintes, l'orateur a disparu, et l'écriteau aussi.

— Regarde ! crie Noël d'une voix puissante.

Et il a touché, de son bâton, l'une des crevasses du toit. Aussitôt l'ouverture s'élargit, devient immense ; le plafond tout entier disparaît, le ciel bleu et profond se dévoile. Chaque étoile apparaît, aux yeux de la mourante, plus brillante que celle de Bethléem ne le fut jadis aux regards des Mages. Il ne fait pas froid ; l'air est doux, imprégné de parfums; le vent du ciel passe à travers cette mansarde, illuminée des feux d'en haut.

La jeune femme se soulève, elle tend les mains vers ces clartés admirables :

— Me voici! s'écrie-t-elle, comme répondant à un appel irrésistible.

Et elle retombe, inanimée, sur son lit.

La bougie mourait dans sa bobèche; le toit noir s'était refermé; à peine une étoile brillait-elle, ici et là, à travers les carreaux de la lucarne et les crevasses du plafond. Le vieillard s'approcha, ferma les yeux de la morte, rangea le drap et la couverture. Puis il se pencha sur le sac de paille où gisait l'enfant endormi; il le prit, l'enveloppa dans sa houppelande, et s'avança vers la porte :

— Repose en paix, pauvre fille, dit-il. De tous ceux que je visite aujourd'hui, c'est toi, oui, c'est toi qui es la plus heureuse!

V

Après avoir fermé la porte du galetas, Noël descendit un étage. Arrivé au quatrième, il s'arrêta devant l'une des cinq ou six portes qui donnaient sur le palier. A travers la serrure, on voyait briller une lumière dans la chambre. Noël entra doucement, à sa manière, sans être aperçu de personne.

Une femme de trente-cinq ans environ était assise devant la table, cousant à la clarté d'une petite lampe à abat-jour. La chambre était pauvre, mais propre. Dans un lit de fer dormaient deux petites filles; un paravent était dressé dans un coin, derrière lequel était couché l'aîné, Louis, grand garçon de dix ans, le petit-neveu de M. Chamusot. Car nous sommes ici chez la veuve, et c'est elle qui travaille encore, à cette heure tardive.

A quoi travaille-t-elle ?

Des robes à recoudre, des pantalons à rapiécer, sont entassés devant elle. C'est pour ses enfants que travaille, à minuit passé, Mme Chamusot la nièce. C'est demain Noël, demain ou plutôt aujourd'hui — et ses trois petits doivent assister à la fête ; on doit leur montrer un arbre illuminé, une lanterne magique, que sais-je, moi ? Et leur donner des prix, car ce sont eux les meilleurs élèves de l'école du dimanche du faubourg Saint-Antoine.

Vous comprenez bien qu'une mère soigneuse ne peut pas laisser ses enfants aller comme cela, avec des trous aux coudes et aux genoux. Et elle travaille, elle travaille, tandis que l'on entend, dans la chambre, le souffle égal de ces trois petites poitrines, sur lesquelles ne pèse encore, Dieu merci, aucun poids douloureux.

Dans la cheminée, trois paires de souliers sont rangées par ordre de taille ; les talons sont bien un peu éculés, mais ce n'est pas aux talons que les enfants regarderont ce matin au réveil. En attendant, approchons-nous, si vous le voulez bien, et regardons nous-mêmes.

Dans le plus petit soulier, une poupée de trente centimes, élégamment habillée d'un bout de mousseline et d'un ruban rouge. C'est le cadeau de Marthe.

Dans le soulier moyen, un nécessaire, composé d'une paire de ciseaux, d'un dé à coudre et d'un étui à aiguilles. Le tout acheté soixante-cinq centimes au bazar de l'Hôtel-de-Ville. Ce sera la joie de Pauline pendant huit grands jours.

Et dans le grand soulier, une boîte de compas. C'est un cadeau sérieux, il a coûté un franc vingt-cinq, ce qui représente presque une journée de travail de la mère ! Car pour son Louis, la veuve a un faible. — C'est un vrai petit père, dit-elle souvent, en le regardant avec des yeux attendris.

On entend monter de la rue des chants joyeux ; ce sont des jeunes gens qui chantent, plus mélodieusement qu'on n'oserait l'espérer à pareille heure :

> Minuit, chrétiens, c'est l'heure solennelle
> Où l'Homme-Dieu descendit jusqu'à nous…

Ah ! se dit la veuve, tout le monde est content aujourd'hui ? Quand je pense qu'il y a trois ans, mon pauvre homme était là, et que maintenant il dort là-bas, à Saint-Ouen, je n'ai pas le cœur de me réjouir… Allons, du courage, le bon Dieu nous a aidés tout de même. La santé n'a pas manqué, le travail non plus, c'est le principal. Il y en a tant de plus misérables que nous !

— Bon, dit-elle tout à coup, à haute voix, en se frappant le front, et la petite femme de là-haut que j'oubliais ! Il y a au moins deux heures que je n'y suis pas montée. Il faut aller voir si elle n'a besoin de rien, ni son enfant non plus. Il doit pleurer à cette heure, le pauvre petit. Vite, montons.

— C'est inutile, dit Noël qui, tout près de la porte, semblait l'avoir ouverte au même instant. Je viens de là-haut ; tout est fini.

— Morte ! s'écria Mme Chamusot la nièce, sans remarquer tout d'abord l'apparence extraordinaire du visiteur, qu'elle prit pour le médecin qu'on avait fait chercher la veille. Pauvre femme ! Laissez-moi vite aller chercher l'enfant.

— Le voici, dit Noël, en soulevant les plis de son manteau. Madame Chamusot, je vous apporte vos étrennes.

Et en parlant ainsi, il mit le petit être dans ses bras.

— Mes étrennes, ce petit-là ! Mais vous ne savez donc pas que j'en ai trois et que je suis veuve ! Certainement, monsieur, que je le garderai jusqu'à ce que sa famille le réclame ; c'est bien le moins que je puisse faire.

— Et s'il n'a pas de famille ? dit le vieillard.

— Ah ! dit la mère embarrassée ; c'est vrai tout de même ; on ne lui a jamais connu personne, à la petite femme de là-haut… Eh bien, tant pis, ajouta-t-elle après un instant d'hésitation, je le garderai tout à fait, s'il le faut. Le bon Dieu m'aidera… Comme vous dites, ce seront mes étrennes à moi… une poupée du jour de l'an, quoi ! Pauvre petit, pauvre petit !

Et la brave femme, les yeux humides, couvrait l'enfant de baisers.

Le vieillard la regardait, attendri.

Mme Chamusot porta l'enfant sur son grand lit, au fond de la chambre. Son visiteur la suivit. A ce moment, — était-ce un éblouissement, causé par la fatigue et l'émotion ? — Elle vit quelque chose d'extraordinaire. Sous le regard du vieillard, ce même regard qui, dans l'autre maison, avait tout à l'heure animé les pièces d'or, le lit diminua, diminua, jusqu'à devenir un humble berceau, quelque chose comme une crèche. L'enfant se transfigura ; il souriait, il tendait vers la brave femme ses petites mains ; une lueur divine rayonnait autour de sa tête.

Noël, Noël, voici le Rédempteur !

chantaient les jeunes gens dans la rue.

— Ah! mon Dieu! s'écria Mme Chamusot. Est-ce possible? Serait-ce Lui que j'aurais reçu chez moi?

— C'est Lui-même, dit le vieillard en relevant la tête.

La femme tourna la sienne, mais son étrange visiteur avait disparu. Quand ses yeux revinrent sur l'enfant, tout était redevenu naturel; elle ne vit plus que son grand lit, et le poupon dormant à poings fermés.

Cependant, quelque chose attira son attention. Sur la table une cassette avait été déposée. Elle la prit, la souleva; elle entendit un son métallique. La clé était à la serrure, elle l'ouvrit. C'était le trésor des vieux Chamusot. Un billet ainsi conçu était posé sur les pièces d'or :

« C'est ici l'héritage du grand-père : Priez pour ceux qui vous l'avaient dérobé et pardonnez-leur. »

Et au-dessous, ce mot qui était à la fois une date et une signature :

NOËL.

25

Monsieur Boulloche

Conte de fin d'année.

Monsieur Boulloche, bien que célibataire endurci, n'était point un méchant homme. Industriel d'universelle renommée, ses ouvriers étaient contents de lui, tout aussi bien que ses clients. Il était juste à leur égard, avec ce quelque chose en plus qui vaut mieux que de l'argent, et qui s'appelle la bienveillance.

Sa vie privée était sans reproche ; on ne lui connaissait point de vices. Une seule passion, bien innocente : celle des jardins. M. Boulloche aimait les fleurs, et le dimanche, tandis que les cloches, à toute volée, appelaient les fidèles au culte public, M. Boulloche, bêche ou sécateur en main, parcourait ses propriétés ou soignait ses plates-bandes.

Car M. Boulloche n'avait, il faut bien le dire, aucune religion. Athée ? Non, pas précisément ; il croyait, comme Voltaire, au « grand Architecte de l'univers, » et comme Béranger, au « Dieu des bonnes gens, » au nombre desquels il se comptait. Mais il n'avait jamais pensé aux devoirs qu'il pouvait avoir envers ce Dieu-là ; il n'avait rien à se reprocher, se croyait le meilleur des hommes, et n'arrêtait jamais son esprit sur ce sujet désagréable : la mort.

Toute sa vie s'était passée dans l'effort vers la fortune, et il l'avait atteinte. Et jamais cet homme, pourtant si sage, ne se posait cette question : « Et après ? »

Un dimanche matin, les cloches carillonnaient ; les gens, vêtus de leurs plus beaux habits, se rendaient aux diverses églises du voisinage, et M. Boulloche, à genoux sur la pelouse qui s'étendait devant sa maison, s'occupait à fixer dans le sol une tige de fer peinte en vert, destinée à servir de support à un beau rosier.

Son travail terminé, il allait se retirer, lorsqu'il aperçut, rampant sur le sol, un escargot — un vulgaire escargot — qui se dirigeait lentement vers le support de fer. M. Boulloche était observateur et philosophe à ses heures ; il resta donc, pour observer l'infime animal. « Il y a pourtant, se dit-il, une espèce de réflexion chez cet escargot ; il a vu se dresser cette tige, et s'imagine que c'est une plante avec de belles feuilles au sommet. Le voilà qui entreprend l'ascension, dans l'espoir de dévorer ces feuilles, qui n'existent pas. » Et M. Boulloche regarde toujours. Tout à coup, une comparaison se fait dans son esprit, entre l'ascension de cet escargot et la sienne. L'insecte monte lentement. Le voici parvenu au point qui, dans la vie de M. Boulloche, représente l'entrée en apprentissage ; un peu plus haut, le voici ouvrier — il lui semble que c'était hier — le jour où il rapporta sa première paie à la maison : avec quelle joie il jeta les rares écus dans le tablier de sa mère ! Un peu plus haut : il se fait ouvrir un carnet à la caisse d'épargne.

Plus haut encore : le voici contre-maître. L'escargot monte toujours. Voici le point où Boulloche tout court devient Monsieur Boulloche : il fait construire un atelier pour son compte. Plus haut, il embauche des ouvriers, agrandit son immeuble, étend ses affaires ; plus haut, et voici la grande prospérité : les ordres de fabrication arrivent même d'Amérique, il a des brevets dans le monde entier. Ses bureaux, à Paris, occupent trente employés. Il est millionnaire…

L'escargot est enfin arrivé au sommet de la tige de fer. Le pauvre animal est déçu : il tourne et retourne sur l'étroit pivot ; pas la moindre feuille verte ! « C'est comme moi ! » dit à haute voix M. Boulloche, sans même s'en apercevoir. « Oui, voilà bien ma vie ! Travail, fatigue, et finalement déception. Arrivé au bout, il n'y a rien, rien, rien… Et il faut redescendre ! »

Il faut redescendre. En effet, l'escargot, n'ayant trouvé ni feuille, ni brin d'herbe, rien de tendre et de frais, rien que le fer dur et mort, redescend vers le sol où il s'enfouira.

Pauvre M. Boulloche ! Pauvre millionnaire ! Pauvre vieillard, en route pour la mort ! Que n'as-tu rencontré au seuil de ta vie un homme vraiment sage pour te redire les paroles de Jésus-Christ : « Cherchez premièrement le royaume de Dieu et sa justice… Que servirait-il à un homme de gagner le monde entier, s'il venait à perdre son âme ? »

Mais il n'est pas trop tard encore. Il y a une ascension vers la véritable fortune, que tu peux entreprendre, même à ton âge avancé. Tu peux, au lieu d'imiter le lent escargot, comme tu l'as fait jusqu'à cette heure, prendre tout à coup des ailes, comme l'oiseau, et t'envoler d'un trait jusques au ciel. Repens-toi de ta folle vie d'égoïsme et d'orgueil ; viens avec humilité aux pieds de Jésus, au Calvaire ; et là, des ailes te seront données, celles de la foi et de l'espérance, qui te mettront, même avant de mourir, en possession du bien suprême : la vie éternelle.

26
La bombe de Noël

I

Paul Mallard venait de terminer son instruction primaire et avait obtenu son certificat d'études. Il avait treize ans ; aîné de cinq enfants, c'était le moment pour lui de se mettre au travail et d'aider ses parents. Le père était menuisier, la mère faisait des ménages sans compter le sien. Pauvreté, honneur, telle était en deux mots la devise de la famille.

Paul, en outre, était chrétien. Non pas comme l'est tout le monde, mais par ce choix du cœur qui s'appelle la conversion. Élève d'une école du dimanche à Montmartre où il habitait, Paul avait, peu de temps avant le moment où commence notre récit, compris et accepté la grâce de Dieu en Jésus notre bien-aimé Sauveur.

Quelques jours après la distribution des prix, son père l'avait placé chez un changeur de la rue Montorgueil, près de la Bourse. La place n'était pas brillante, mais c'était un début. Tous les matins, Paul descendait à pied des hauteurs de la butte chère aux Parisiens, emportant dans une serviette d'employé son repas de midi : un peu de viande froide et du pain. Sa journée commençait à huit heures, et finissait à six heures du soir.

Pour tout dire, le pauvre Paul trouva bien dur, pendant ces beaux mois d'été qu'il avait passés, les années précédentes, chez sa grand-mère, bonne paysanne de Normandie, de rester emprisonné dans cette grande cage à l'atmosphère lourde et accablante qui s'appelle Paris, et d'avoir chaque jour dix heures à passer, comme les singes du jardin des Plantes, derrière un grillage, dans un sombre rez-de-chaussée de la vieille rue Montorgueil. Mais nous avons dit qu'il était chrétien ; c'est dire qu'il avait sacrifié ses préférences à la volonté de Dieu, et lui était même reconnaissant d'avoir cette longue course à faire le long des grands boulevards plantés de marronniers et de sycomores ; l'imagination aidant, il voyait de la poésie dans ce qu'il appelait plaisamment « la forêt de Paris, » et les moineaux piailleurs qui la peuplent en si grand nombre représentaient à ses yeux l'élément de liberté et de sauvagerie sans lequel la vraie nature n'existe pas.

Maintenant, l'hiver était venu et l'on approchait de Noël.

Le patron de Paul s'appelait M. Salomon Lévi. M. Lévi était, comme on dit, « serré ». Ses employés le voyaient manier l'or toute la journée, mais ils ne roulaient pas dessus. Un maigre comptable, M. Flachon, au crâne chauve et luisant sous la lumière du gaz, et un garçon de bureau, Lucien, formaient, avec Paul, tout le personnel de la maison. M. Lévi exigeait d'eux, pour un salaire dérisoire, une ponctualité irréprochable et la plus grande obséquiosité. Quant à la probité, il l'eût demandée sans doute s'il l'avait crue possible, mais il était de ces hommes qui, jugeant autrui à leur propre mesure, ne croient pas à la conscience des autres parce qu'ils n'en ont guère. Il était son propre caissier, et sa vigilance rendait impossible le moindre larcin de ses employés.

A franchement parler, les collègues de Paul ne lui inspiraient guère plus de sympathie que le patron. M. Flachon avait la mine d'un vieux renard, et Lucien était un noceur fini. Dès que M. Salomon Lévi avait tourné le dos, ces deux individus commençaient entre eux des conversations abominables, où les propos les plus haineux à l'endroit du « Youtre » se mêlaient aux paroles ordurières. Le pauvre Paul en était écœuré. Il ne se mêlait point à ces discours, et souvent il se sentait prêt à pleurer, quand la verve caustique de ses compagnons se tournait contre lui. Ils l'avaient affublé du surnom d'Eliacin, à cause de sa naïveté qu'ils trouvaient amusante et ridicule, et qu'ils s'efforçaient — les misérables — de lui faire perdre par une exécrable initiation aux vices qu'il ne connaissait point.

Le retour du patron mettait un terme au supplice de Paul, mais, hélas! il n'en était guère mieux, car il assistait souvent, derrière son grillage, à des actes de piraterie commis en plein Paris sous l'égide des lois. C'était, par exemple, quelque pauvre fabricant, comme il y en a beaucoup dans ce quartier où se fait « l'article de Paris, » qui venait présenter ses billets à l'escompte, pressé par le besoin d'un peu d'argent comptant, et à qui l'âpre changeur ne prenait pas moins du quarante pour cent, sous divers prétextes. Trop peu initié encore aux rouries de la finance pour comprendre l'infamie de l'usure, Paul voyait bien pourtant, à l'éclair de colère impuissante qui luisait dans les yeux du malheureux client, qu'un acte louche et condamnable venait de se passer.

« Pour une boîte, c'est une boîte, » disait le père Mallard à son fils, quand celui-ci lui racontait, le soir, quelque tour du patron, ou quelques propos des employés. « Mais que veux-tu, mon petit, nous n'avons pu te caser que là… En attendant, tu apprends un peu le commerce; et puis, vois-tu, dans notre position, vingt francs par mois, c'est une somme! »

II

Malgré toutes ces misères, Paul n'était pas sans consolations : à treize ans, il faudrait qu'une vie fût bien sinistre pour être tout à fait décolorée.

Et d'abord, il avait sa famille, et surtout sa sœur Julie, grande fillette sérieuse et sage, bien qu'elle n'eût que douze ans, une vraie petite femme. Elle aussi s'était convertie à l'école du dimanche ; aussi l'intimité était elle grande entre les deux aînés. Le soir, après que Julie avait fait ses devoirs de classe, ils lisaient ensemble la Bible, ou quelque bon livre qu'on leur avait prêté. Et c'étaient des conversations interminables, souvent fort animées, dont le prétexte était fourni par ce qu'on avait lu. Les cadets, Marie, Louis et Georges, formaient autour d'eux la galerie et subissaient l'influence des deux « grands. » Le père, sa journée faite, avait l'habitude trop fréquente de s'arrêter chez le marchand de vin pour boire un verre avec les amis, sans trop se griser, cependant ; et la pauvre Mme Mallard, heureuse de n'avoir pas, comme tant d'autres, un ivrogne renforcé pour époux, ne lui faisait aucun reproche. Ses travaux, d'ailleurs, l'absorbaient. Elle ne comprenait pas grand-chose aux idées religieuses de ses enfants : en vraie fille de Paris, elle n'avait jamais été pratiquante, et depuis son mariage n'avait guère franchi le seuil des églises. Mais elle se félicitait *in petto* d'avoir autorisé ses enfants à fréquenter cette espèce de « chapelle en boutique, » comme on l'appelait dans le quartier, où des dames et des messieurs très aimables leur apprenaient à chanter des cantiques et à prier Dieu, ce qui, pensait Mme Mallard, ne peut jamais nuire à personne.

Le dimanche était pour Paul et Julie le meilleur jour de la semaine, cela va sans dire. Quand il faisait beau, ils allaient le matin, quelquefois avec Marie, se promener jusqu'aux Buttes-Chaumont ; quand il pleuvait, on restait à la maison où les heures passaient vite. L'après-midi, on allait à l'école du dimanche. Enfants, qui lisez ces lignes, vous qui avez été élevés avec tant de soin par des parents chrétiens, je ne crois pas que vous sachiez apprécier, que vous puissiez aimer votre école du dimanche, comme le font ces petits païens de Paris, qui, intéressés aux choses merveilleuses que raconte l'Évangile, reviennent régulièrement chaque dimanche, sans qu'on les y contraigne, uniquement parce que ce lieu est pour eux le seul coin d'idéal, et cette heure le seul moment de la semaine où brille sur eux un rayon du ciel, et parce que leur âme ignorante et avide trouve là seulement cette pâture dont nul être humain ne peut se passer sans mourir !

Au commencement de décembre, le directeur prit Paul à part et lui annonça qu'il l'avait choisi pour une tâche importante, la veille de Noël. C'est lui qui, devant l'arbre illuminé, devait réciter l'histoire de la Nativité, racontée dans les Évangiles. Ce récit est long, il fallait donc l'apprendre soigneusement pour le répéter mot à mot. « C'est toi qui es mon meilleur élève, ajouta le directeur, et je compte sur toi pour faire honneur à l'école. »

Paul promit et se mit à la besogne, assez facile en somme : sa mémoire était excellente. Mais il ne se doutait guère de quelle façon se passerait pour lui cette veille de Noël !

III

Huit jours avant le 25 décembre, M. Salomon Lévi descendit de bonne heure de l'entresol qu'il occupait au-dessus de son bureau.

Paul était à son poste, mais les deux autres employés n'étaient pas encore arrivés. Le patron constata leur absence par un juron :

— Toujours en retard, ces paresseux-là ! grommela-t-il. Il faut que ça change !

M. Flachon et Lucien ne tardèrent pas à arriver. Tous deux avaient l'œil allumé et le nez rougi de gens qui viennent de prendre de l'alcool. Ils venaient en effet, de chez le « mastroquet » d'en face, où ils avaient bu le coup de vin blanc matinal.

— Ah ! vous voilà, vous autres ! cria M. Lévi en les apercevant. C'est donc toujours la même chose ! Je ne veux pas de pochards chez moi, entendez-vous ? (je renonce à reproduire les expressions exactes dont se servit le patron).

Les deux compères ne répondirent pas tout d'abord ; ils s'assirent en silence et firent semblant de se mettre au travail. Mais M. Lévi était de plus mauvaise humeur ce jour-là que de coutume ; il continua à invectiver ses employés, jusqu'à ce qu'enfin le garçon de bureau leva la tête :

— Eh bien, quoi ! Voilà bien du train pour pas grand'chose ! A-t-on pas le droit de boire un coup comme tout le monde ? Après tout, votre « boîte » n'est pas si amusante, et ce ne sera pas difficile d'en trouver une autre !

— Ah ! C'est comme ça ? hurla M. Lévi. Eh bien, je vous mets à la porte tous les deux… Vous entendez… dans huit jours, vous sortirez d'ici.

— Je vous ferai observer, Monsieur, dit le comptable d'un ton calme, que je ne vous ai rien dit, moi, bien que vous m'insultiez depuis un quart d'heure.

— Ça ne fait rien ! Vous ne me plaisez pas, vous, avec vos manières. Et puis c'est dit, je ne reviens jamais sur ma parole.

Le pauvre Paul, pendant cette scène violente, tremblait de tous ses membres. Jamais la brutalité humaine ne lui était apparue si horrible et si crue que dans cette dispute, où des blasphèmes et des injures sortaient de bouches tordues par la haine.

Quand le patron fut sorti, les deux hommes donnèrent un libre cours à leur colère. Lucien surtout était hors de lui :

— Je ferai sauter sa cambuse ! cria-t-il en frappant la table du poing.

Mais M. Flachon le rappela à l'ordre :

— Allons, Lucien, ne dites pas de bêtises. On se contentera de dénoncer le « Youtre » à Drumont, de la Libre Parole : il lui dédiera un bon petit article, et nous rigolerons. Mais il ne faut pas parler de faire sauter les gens… C'est pourtant « chien » de nous mettre à la porte au moment des étrennes !

En parlant ainsi, le comptable cligna de l'œil à Lucien, en lui désignant Paul. Cela voulait dire : « Si tu as des projets, nous en causerons entre nous, mais méfie-toi du petit ! » Paul saisit vaguement ce signe, mais n'y attacha pas une grande importance.

IV

La veille de Noël notre jeune ami apporta son Nouveau Testament au bureau, car la fête de l'école du dimanche devait avoir lieu ce soir-là, et il tenait à dire sans aucune faute le récit évangélique. De temps en temps, quand il avait terminé un bordereau et que l'ouvrage chômait, il ouvrait son livre à la dérobée, et lisait.

Mais rien n'échappait aux yeux d'Argus de M. Salomon Lévi. Paul vit tout à coup le patron à ses côtés, et avant qu'il eût le temps de cacher son livre, celui-ci le lui prit des mains :

— Croyez-vous que je vous paie pour lire des romans ? dit-il d'un ton bourru ; car je parie bien que c'est quelque chose de ce genre que vous lisez en cachette. Voyons… Le Nouveau Testament de notre Seigneur Jésus-Christ. Ah ! par exemple ! vous donnez dans ces blagues-là ? Je ne vous croyais pas si bête !

Paul sentit une rougeur monter à ses joues ; il allait faire une réponse vive, mais il se contint :

— Enfin, dit le patron, toutes les opinions sont libres ; mais je n'aime pas les cagots, surtout quand ils se cachent pour faire leurs simagrées. Le voilà, votre livre, mais que je ne vous y prenne plus !

Paul reprit son Nouveau Testament ; il était humilié et irrité. Paraître manquer de droiture aux yeux d'un juif pour avoir lu l'Évangile ! Sa conscience lui disait pourtant que le patron n'avait pas tort, malgré sa brusquerie, puisque le temps de ses employés lui appartenait.

Six heures sonnèrent enfin : dans deux heures, là-haut, à Montmartre, s'allumeront les bougies de l'arbre de Noël, et Paul récitera l'histoire des bergers de Bethléem…

Avec l'insouciance de son âge, il a presque oublié la scène d'il y a huit jours. M. Flachon et Lucien n'ont plus eu d'altercation avec le patron, qui s'est montré vis-à-vis d'eux comme d'ordinaire. Seulement, les deux hommes ont eu des conciliabules à voix basse, surtout dans cette dernière journée.

Enfin M. Lévi appelle les deux employés :

— Voilà votre argent, leur dit-il, en comptant à chacun son salaire du mois. Nous sommes le 24, mais je vous paie le mois entier ; vous n'avez pas besoin de revenir, vos places seront occupées après-demain. Comme, après tout, je n'ai pas de graves reproches à vous faire, voici pour chacun de vous un bon certificat. Maintenant, nous ne nous devons plus rien. Bonne chance, et au revoir !

Et il tendit sa main froide et sèche aux deux hommes, qui firent semblant de ne pas la voir.

— Comme vous voudrez, dit-il. Je ne vous retiens plus. Vous, Paul, restez après ces messieurs, vous m'aiderez à fermer le bureau.

Le comptable et le garçon étaient entrés dans l'arrière-boutique, qui servait de vestiaire. Tandis que le premier mettait lentement son pardessus, le second était penché sur une table, comme pour chercher un objet perdu.

— Eh bien, messieurs, je suis pressé, dit M. Salomon Lévi avec impatience, en saisissant la poignée de la manivelle qui fermait la devanture.

— Nous partons, nous partons ! répondit M. Flachon. Adieu, Paul !

— Petit Poucet, prends garde à l'ogre ! ajouta Lucien.

Puis, passant à côté de l'enfant, il lui glissa rapidement quelques mots à l'oreille :

— Sors avec nous, prends garde à toi, c'est pour ton bien !

Mais Paul, fidèle à la consigne, fit un signe de tête négatif. « Au revoir » dit-il, et il vit, par la vitrine, les deux hommes s'éloigner précipitamment dans la direction des Halles.

Il se retourna. Une légère odeur de brûlé le saisit aux narines. Le patron tournait paisiblement la manivelle.

Le jeune garçon fit un pas vers l'arrière-boutique, où brûlait un bec de gaz. Tout à coup il aperçut sous la petite table une mèche allumée, sortant d'une boîte de fer-blanc : UNE BOMBE ! Ce mot terrible se présenta aussitôt à son esprit. La mèche était très courte, elle brûlait bien, dans quelques secondes la flamme allait atteindre la boite… C'était la vengeance des deux misérables !

Le premier mouvement de Paul fut de fuir dans la rue par la porte, restée grande ouverte. Le patron ? Il méritait bien ce qui allait lui arriver ; et rapide comme l'éclair, son humiliation de la journée lui revint à la mémoire. Mais ce ne fut qu'un éclair : le sentiment du devoir, de l'honneur, du sacrifice, le sens chrétien enfin, prit le dessus dans l'âme de l'enfant ; il s'élança vers la table, se baissa, étendit les mains vers l'engin meurtrier :

— Sauvez-vous, Monsieur, sauvez-vous ! Une bombe ! cria-t-il.

Au même instant, une détonation se produisit. Pendant quelques secondes, le bureau fut plein de fumée et de la poussière des plâtras tombés de toutes parts. Paul était étendu sans connaissance sur le parquet ; M. Lévi avait fui dans la rue en poussant des cris affolés…

V

Heureusement, la bombe avait été fabriquée par des novices. En outre, si Paul n'avait pu éteindre la mèche à temps, il avait du moins déplacé l'axe de l'engin qui, éclatant du côté du mur, avait perdu une grande partie de sa puissance destructrice. Lorsque, la police étant accourue, on releva le courageux enfant, il se trouva n'avoir que des contusions sans gravité, produites par la chute des matériaux et de quelques meubles légers qui s'étaient renversés sur lui.

M. Salomon Lévi insista pour que Paul fût transporté dans son appartement, où il voulut lui-même lui administrer un cordial. Cet homme n'était plus le même ; ses mains tremblaient en tendant le verre au jeune garçon :

— C'est bien, petit, c'est bien, ce que tu as fait là !... Les lâches ! Ils n'ont pas reculé devant le meurtre d'un innocent comme toi pour se venger... Et toi, tu m'as averti, tu as risqué ta vie... Tu es un homme, va, je saurai te récompenser.

Paul ne répondait pas. Un sourire triste errait sur ses lèvres.

— Pourtant, ajouta M. Lévi, je n'ai pas été aimable pour toi ; je t'ai souvent grondé ; aujourd'hui encore, pour ce livre que tu lisais...

— Monsieur, dit enfin Paul, ne parlons plus de cela. J'ai fait mon devoir, mais il s'en est fallu de peu que la peur ne soit la plus forte. J'aurais été lâche, moi aussi, si Jésus ne m'avait secouru au dernier moment.

— Hein ?

— Oui, ce Jésus dont parle mon livre, c'est lui que j'ai prié et qui m'a rendu capable de me jeter sur la mèche pour l'éteindre, au lieu de me sauver.

— Bah ! veux-tu me persuader que Jésus de Nazareth, mort depuis si longtemps, t'a donné le courage que tu as eu ?

— Oui, Monsieur. Sans lui, qui est mort pour moi et m'a appris à aimer mon prochain, j'aurais d'abord sauvé ma vie, sans penser à la vôtre !

M. Lévi était ému. Dans son âme ténébreuse, pénétrait un rayon d'une clarté nouvelle. Il y a donc dans le monde d'autres mobiles que l'argent et l'intérêt personnel ! L'amour de Dieu et du prochain, idée qu'il eût traitée de folie quelques instants auparavant, se présentait maintenant comme une puissance réelle, puisqu'il lui devait l'existence.

— Mon enfant, dit-il d'un ton très doux, avec des larmes dans les yeux, il faudra que tu pries pour moi. Je me suis trompé ; j'ai manqué ma vie, mes employés ne sont guère plus coupables que moi. Tu me prêteras ton livre : je veux lire l'histoire de ce Jésus que nos pères ont tué, et que vous adorez comme le Messie. Il doit y avoir quelque chose de vrai là-dedans. Eh bien, s'il y a un Dieu comme je commence à le croire, peut-être aura-t-il pitié de moi !

Paul ne répondit rien, mais des larmes de joie brillèrent dans son regard. Quelques instants après, le patron le mit dans un fiacre, et l'emmena chez ses parents. Grand émoi au logis ! La fête de Noël fut manquée. Paul ne récita pas sa leçon, aucun membre de sa famille n'alla voir l'arbre de Noël. Mais après que M. Lévi se fut retiré en serrant affectueusement la main à tout le monde et en particulier à son petit sauveur, toute la famille, réunie dans l'humble salle à manger, courba la tête pour la prière et l'action de grâces que prononça Julie à voix basse (car c'était la première fois qu'elle osait le faire devant ses parents). A ce moment, les anges qui contemplaient cette scène se réjouirent comme jadis au-dessus de la crèche, et ce fut, vous pouvez m'en croire, une belle nuit de Noël.

27
La mort du Vieil Homme

I

Quand aux yeux des bergers se fut éteinte la lumière miraculeuse qui les avait éblouis et jetés sur leurs faces, et que les derniers accents du *Gloria in excelsis* furent devenus indistincts, puis imperceptibles, ils se levèrent sous la pâle clarté des étoiles, qui jamais ne leur avaient semblé si ternes ; — et pourtant, elles sont brillantes les étoiles de l'Orient !

Ils restèrent un moment silencieux et comme écrasés sous l'impression des choses extraordinaires qu'ils avaient vues et entendues.

— Ils sont partis ! dit enfin l'un d'eux.

— Partis, et nous restons dans la nuit, sur cette froide terre !

— Oui, dit un troisième, mais ils nous ont annoncé une bonne nouvelle. Allons jusqu'à Bethléem, et voyons ce qui y est arrivé, et que le Seigneur nous a fait connaître !

Ils se mirent donc en route, après avoir enfermé leurs brebis dans l'une des grottes qui sont creusées au flanc de la montagne, près du sommet de laquelle Bethléem est située.

Le voyage n'était pas long. Ils gravirent rapidement le sentier rocailleux qui conduisait au village. Comme ils en approchaient, ils virent déboucher d'un petit bois d'oliviers et de figuiers qui bordait le chemin, une grande ombre noire, une espèce de géant à l'allure sinistre. A la clarté de la lune il leur apparut couvert d'une peau de bête, les cheveux longs, incultes, tout blancs. Sous ses larges sourcils flamboyaient des yeux égarés et farouches. Les bergers eurent peur. Que cette vision était différente de celle de tout à l'heure !

Pourtant, comme la bonne nouvelle leur avait donné du courage, les bergers n'hésitèrent qu'un instant. L'un d'eux s'approcha du grand vieillard :

— Étranger, dit-il, qui es-tu ? d'où viens-tu ? Et que fais-tu ici à cette heure ?

Une voix rauque leur répondit :

— Que vous importe ? Passez votre chemin !

— Tu as tort de nous parler ainsi, reprit doucement le berger. Tu es seul, tu parais vieux, la nuit est froide. Tu ne peux rester là ; viens avec nous ! Une place se trouvera bien pour toi dans quelque maison, et tu dormiras tranquille.

L'inconnu parut touché de cette affectueuse insistance.

— D'ailleurs, poursuivit le berger, nous avons appris tout à l'heure de grandes choses…

— Chut ! fit l'un de ses camarades. Il vaudrait peut-être mieux n'en pas parler à tout venant.

— N'en pas parler ! reprit l'autre. Mais ne te souviens-tu pas des paroles de l'ange : « Je vous annonce une grande joie qui sera pour tout le peuple ? » C'est notre devoir d'informer tout venant de ce qui vient d'arriver ; et qui aurait besoin plus que celui-ci, d'entendre une si excellente nouvelle ?

Là-dessus, le brave homme se mit à conter à son mystérieux compagnon de route les merveilles de cette nuit.

— Viens avec nous voir l'Enfant, conclut-il, et peut-être te rendra-t-il la paix, que tu sembles avoir perdue.

A ces mots, le vieux vagabond éclata d'un rire effrayant :

— La paix ! ah ! ah ! ah !… La paix, voilà bien longtemps que je ne la cherche plus. Je l'ai perdue le jour où… mais pourquoi vous raconter cette histoire ? je suis maudit, et nul enfant, nul homme au monde ne pourra me rendre le bonheur. Je porte une plaie incurable, et qui me tient dans une fièvre continuelle… Voyez plutôt !

Et le vieillard, écartant les broussailles de sa chevelure, leur montra sur son front une large tache sanglante, affreuse à voir.

— J'ai lavé cette plaie dans toutes les rivières, dans toutes les mers. J'ai laissé tomber sur elle les pluies et la rosée ; j'ai appliqué mon front brûlant sur la neige vierge des monts ; rien n'a effacé la tache, rien n'a guéri ma fièvre. Et tant que la plaie durera, je ne pourrai mourir. Elle me dévore et me protège en même temps. C'est la mort perpétuelle, la mort sans repos, sans oubli. Et cela durera jusqu'à ce que le sang d'une nouvelle victime, que je ne sais où trouver, me guérisse en tombant sur moi.

Les bergers se regardaient, effarés.

— Qui es-tu donc ? interrogeaient-ils.

— Qui je suis ? Ah ! ne demandez pas mon nom, il vous ferait horreur. Laissez-moi plutôt à ma solitude et à mon tourment. Adieu ! soyez bénis, vous du moins, pour avoir eu compassion de moi !

Il allait disparaître, mais le berger qui lui avait parlé le premier, courut après lui :

— Mon frère, lui cria-t-il, reste avec nous. J'ignore ton nom et ne veux pas le connaître ; mais qui que tu sois, l'ange a parlé pour toi comme pour nous. Écoute on entend peut-être encore la multitude céleste « Bonne volonté envers les hommes... » tous les hommes ! viens, viens ! L'Enfant nous est né, la terre n'est plus maudite !

L'amour est tout-puissant. Le vieillard se laissa vaincre ; et ils arrivèrent ainsi à Bethléem.

II

Aux signes qui leur avaient été donnés, les bergers n'eurent pas de peine à découvrir l'Enfant divin. Il n'y avait pas eu beaucoup de naissances, cette nuit-là, dans la petite ville ; et celle-ci était la seule qui se fût produite dans l'étable d'une hôtellerie.

Ils entrèrent donc dans cette étable, et le vagabond avec eux. Mais lui restait au dernier rang, n'osant approcher, sceptique et craintif à la fois, promenant sur toutes choses ses yeux farouches de bête traquée. Enfin son ami vint le prendre par la main :

— Regarde, lui dit-il, voilà le petit Enfant !

L'homme avança vers la crèche, et se pencha pour regarder le frêle nouveau-né. Tous furent saisis du contraste entre cette affreuse vieillesse et l'adorable fleur de pureté qui venait d'éclore en ce pauvre lieu. Marie, la jeune mère, eut un frisson ; elle avança la main comme pour écarter l'être repoussant dont l'haleine allait peut-être empoisonner son fils... Mais elle n'en eut pas le temps, car soudain le vieillard se redressa, poussa un cri :

— C'est lui, c'est lui ! Est-ce possible ? c'est lui, le frère que j'ai tué, et qui revient au monde pour se venger ! Le voilà tel qu'il était, aux bras de notre mère... Abel, Abel ! ton sang crie contre moi !

Et, sur ces paroles désespérées, le vieux vagabond s'enfuit, comme s'enfuit l'assassin poursuivi par la justice. Tous le prirent pour un pauvre dément, et nul ne songea même à le rappeler.

III

Plus de trente ans se sont écoulés depuis la nuit de Noël. Nous sommes à la porte de la Ville Sainte, par un après-midi de printemps. Une foule énorme s'entasse sur un étroit espace, en forme de mamelon, au milieu duquel s'élèvent trois croix. C'est ici le Golgotha, la funèbre colline où s'accomplit le plus grand de tous les crimes, qui fut en même temps le plus grand de tous les sacrifices : dernier mot de la haine et dernier mot de l'amour.

Parmi ceux qui contemplent de loin la mort du Fils de l'homme, se trouve l'un des bergers qui assistèrent à sa naissance ; et c'est justement celui qui se montra si compatissant pour le vieil inconnu. Le berger n'est plus jeune, il s'appuie plus lourdement qu'autrefois sur son bâton noueux ; mais c'est toujours, dans ses yeux, la même bonté qu'on peut lire. Il pleure. L'enfant, dont la naissance fut pour lui et pour ses compagnons le sujet d'une si grande joie, le voilà, maintenant, cloué, mourant !... « Crucifie, ôte, crucifie ! » crie la foule haineuse et aveugle. Et il lui semble entendre, au-dessus de toutes ces voix, flotter le chant joyeux dont la musique n'a jamais cessé, depuis plus de trente ans, de résonner dans sa mémoire : « Gloire soit à Dieu au plus haut des cieux, paix sur la terre, bonne volonté envers les hommes ! » Mystère affreux ! Comment ce chant s'accorde-t-il avec la réalité ? Comment sauvera-t-il le monde, ce pauvre champion de la justice, vaincu définitivement dans son duel avec l'iniquité ?

Tandis que le berger se perd dans ses réflexions, quelqu'un s'approche de lui. Rencontre surprenante ! c'est notre vagabond d'autrefois. Il a peu changé : même allure farouche, mêmes cheveux blancs, couvrant la plaie du front, qui saigne toujours…

— C'est ici, murmure-t-il à voix basse, c'est ici que mon frère avait dressé son autel et que, jaloux de la faveur qui lui fut montrée, je le tuai. Et maintenant, on a fait de cette affreuse lande un lieu de supplice, et j'y reviens souvent, attiré par je ne sais quelle force souveraine. Mais qui donc, aujourd'hui, fait-on mourir, pour que l'assistance soit si nombreuse ?

Cette dernière phrase fut prononcée à voix plus haute, et le berger l'entendit. Il releva la tête et reconnut son étrange compagnon de Noël.

— Ceux de droite et de gauche sont des malfaiteurs, répondit le berger, mais celui du milieu, c'est Jésus, l'ami des pécheurs, l'enfant qui naquit à Bethléem, dans la nuit où nous nous rencontrâmes pour la première fois… T'en souvient-il, vieillard ?

A ces mots, Caïn le regarda.

— Oui, je te reconnais, dit-il. Mais que dis-tu ? Ce criminel, ce serait l'Enfant qui ressemblait tant à mon frère ? Laisse-moi le voir de plus près… Ciel ! c'est lui, c'est lui, te dis-je, plus encore qu'à sa naissance. Abel, Abel, mon frère, qui donc t'a tué de nouveau ? Quel crime, plus horrible encore que le mien, se commet à cette heure ?… Arrêtez, bourreaux, il n'est pas mort encore ! Ôtez cet homme de cette croix, il ne doit pas mourir, car il est innocent ! Il est innocent, et le coupable, c'est moi… Tuez-moi à sa place, mais laissez-le aller !… Abel, Abel, pardonne !

Ainsi criait le grand Meurtrier, en paroles entrecoupées. Il s'était approché de la croix, il embrassait les pieds sanglants de la grande Victime, qui laissa tomber sur lui un regard d'amour.

Et une voix se fit entendre :

— C'est ici le sang qui crie de meilleures choses que celui d'Abel.

Une goutte de sang tomba sur le front de Caïn…

La plaie, l'horrible plaie se ferma.

Le visage du vagabond fut transfiguré.

Une paix céleste brilla dans son regard, tandis que son front pâlissait, pâlissait…

— Pardonné ! murmura-t-il en un dernier soupir.

Et le Vieil Homme, enfin, mourut au pied de la croix.

28
Noël dans le Phare

Après avoir, pendant soixante ans, navigué sur toutes les mers, le vieux marin a pris sa retraite, une retraite active : il est devenu gardien de phare. Il est maintenant à l'abri des tempêtes, car la tour lumineuse qu'il habite est fermement assise sur les rochers, et bâtie de pierres et de mortier qui défient l'assaut des vagues. Lorsque, ses lampes allumées et soigneusement mises en état, le vieillard redescend l'escalier en spirale pour s'asseoir dans sa cabine du rez-de-chaussée, ce n'est pas sans une profonde impression de bien-être qu'il s'assied devant sa petite table pour fumer sa pipe en lisant un bon livre, tandis qu'au dehors le vent fait rage, et que l'écume des flots vient rejaillir jusque sur les vitres de sa casemate.

Ah! c'est qu'il en a vu, le père Mathurin! Que de nuits de Noël se sont passées pour lui sous des cieux sans étoiles, dans la colère des éléments conjurés contre une frêle coque de noix! Il n'y a pas que les flots qui sachent de lugubres histoires : les vieux matelots aussi pourraient en raconter! Et il ne faudrait pas beaucoup taquiner le bonhomme pour qu'il en commençât une, qui serait suivie d'une autre... Le difficile, peut-être, serait de l'arrêter.

La plus terrible nuit que j'aie passée de ma vie, ce fut, nous disait-il un jour, une nuit de Noël, il y a vingt ans ou à peu près ; j'étais déjà un des anciens de l'équipage. On était sur un vapeur, retour de la Plata ; l'Argentine était un beau navire, avec une centaine de passagers de première classe et autant d'entrepont. Nous étions dans la Manche depuis la veille, nous avions passé la pointe de Barfleur, et les feux du Havre étaient en vue, malgré la brume. Il soufflait un terrible vent du noroît qui nous poussait plus vite que nous n'aurions voulu ; mais les transatlantiques, vous savez, ça se moque du vent ; nos deux cheminées crachaient dans la nuit la flamme et la fumée, et la sirène hurlait de temps en temps comme pour défier la tempête. Les passagers n'étaient pas à la noce, pour sûr ; mais nous autres, en roulant sur le pont pour la manœuvre, nous nous disions tranquillement : c'est le dernier coup ; demain, on fera la fête en famille ; le plancher des vaches n'est pas loin…

Voilà-t-il pas que, tout à coup, le feu se met au navire !

On a prétendu que l'imprudence d'un chauffeur en avait été cause ; le fait est que le feu s'était mis dans les soutes, et qu'il n'y avait nul moyen de l'éteindre ; il dévorait les entrailles du vaisseau ; en un rien de temps, toutes les constructions intérieures : cabines, salons, cloisons, planchers, tout s'effondrait. Le pont brûlait sous nos pieds. Et pendant ce temps, la tempête augmentait ; le navire, n'étant plus gouverné, courait sur le dos des lames comme un brûlot gigantesque ; sûrement, nous allions être brisés contre les rochers de la côte, si nous n'étions pas brûlés auparavant…

Et pendant ce temps-là, le beau phare de la Hève nous regardait de son grand œil clignotant… Là, tout près, était la vie, ici, la mort, et quelle mort !…

Déjà les flammes sortaient par toutes les ouvertures, et le pont devenait intenable. Le capitaine donna l'ordre de mettre les chaloupes à la mer.

Vous dire le désespoir, l'affolement des passagers sortis en toute hâte de leurs couchettes sans avoir eu le temps de se vêtir ni de rien emporter, c'est impossible. Il y avait là des généraux comme on en trouve beaucoup là-bas, dans ces pays américains, avec des noms qui n'en finissent plus et des moustaches idem : je vous assure qu'ils n'étaient pas fiers, ni eux ni mesdames leurs épouses ! Il y avait des braves gens qui se tenaient les mains, maris, femmes, enfants ; ça vous fendait le cœur... le plus triste, c'était une troupe de jeunes filles, des danseuses qu'on disait, revenant de faire là-bas une tournée théâtrale. Elles avaient amusé tout le monde pendant la traversée, dansant, riant et chantant sur le pont pendant toute la journée... A cette heure, elles étaient là, folles de peur, se tordant les mains, implorant chacun de nous : « Sauvez-nous ! Sauvez-nous ! nous ne voulons pas mourir ! Nous paierons ce qu'il faudra ! » Ah, bien oui ! Il s'agissait bien d'argent ! A ce moment-là, voyez-vous, pas un de nous ne se fût seulement baissé pour ramasser un sac de louis d'or.

On mit donc les chaloupes à flot, et le sauvetage commença. On embarqua d'abord les femmes et les enfants, puis les hommes... Quand tout fut plein, il y avait encore du monde à bord : le capitaine, moi et deux ou trois camarades.

— Enfants, nous dit le capitaine, sauvez-vous si vous pouvez ; vous avez fait votre devoir ; moi je reste sur mon navire.

Il n'y avait rien à répondre : c'était vrai qu'il n'y avait plus rien à faire, et que, dans quelques instants, le navire allait sombrer...

Je m'attachai autour du corps une ceinture de sauvetage ; mes camarades en firent autant et nous nous jetâmes à l'eau, après avoir serré la main du capitaine.

Je nageai vigoureusement... Entre deux vagues, je vis dans

les flammes grandissantes, une vieille femme, cramponnée à un tronçon de mât. D'où sortait-elle ? Probablement, on ne l'avait pas aperçue, en embarquant les passagers. Elle était restée seule, le capitaine lui-même avait disparu... Peut-être avait-il voulu échapper aux flammes en se jetant à l'eau, lui aussi.

Quoi qu'il en soit, je vis distinctement cette vieille femme, qui tenait un livre à la main et chantait ! Oui, elle chantait ! Sa voix me parvenait dans les accalmies du vent ; cette pauvre voix chevrotante prenait à certains mots une force extraordinaire, je les entendais nettement :

O Dieu, Rocher de mon Salut...

Ah ! qu'elle me parut grande, cette vieille femme ! je revis, en pensée, en un seul instant, les généraux, les grandes dames, les jolies danseuses, tous se tordant les mains, implorant le secours, effondrés, affolés, anéantis — et je leur comparais la vieille femme, chantant dans son livre à la lueur des flammes... D'où lui vient ce courage ? me demandai-je.

Jésus, mon espoir et ma vie !

sembla-t-elle me répondre en un dernier cri. Le navire s'enfonça tout à coup : plus rien ! En même temps, une vague énorme m'emporta, me roula, je perdis connaissance : « Jésus ! » criai-je pourtant à ce moment suprême, où toutes les fautes de ma vie passèrent devant moi. Ce mot vint de lui-même sur mes lèvres, bien que je ne l'eusse jamais prononcé auparavant. Je connaissais vaguement l'histoire du Sauveur, mais n'y avais jamais donné mon attention jusqu'à ce que la vieille femme m'eût fait entrevoir la puissance de ce nom qu'elle chantait en mourant.

Au matin, on me ramassa, tout glacé et meurtri, sur la plage, au-dessous de la Hève. On me crut mort, comme les autres, car pas une chaloupe n'était arrivée au port ! J'étais le seul survivant de l'Argentine.

Voilà pourquoi vous me voyez occupé à lire mon livre. J'ai voulu savoir quelle était la religion de la vieille femme, et je l'ai trouvée dans ce livre, qui est la Bible. J'y ai appris que Dieu pardonne les pécheurs comme moi, et qu'Il a donné son Fils au monde pour le sauver. Ah ! si je pouvais chaque soir, en allumant mon phare, faire briller aux yeux du monde entier la lumière de l'amour divin !

> Comme un phare, sur la plage,
> Perçant l'ombre de la nuit,
> L'amour de Dieu dans l'orage
> Cherche l'homme et le conduit.

Ainsi chanta le vieux matelot de sa voix fêlée, tandis qu'au dehors rugissait la tourmente en cette sombre nuit de Noël.

29
Histoire du Jour de l'An

I

J'étais en chemin de fer, le jour de l'an 189… c'était un jour terne et froid ; un de ces jours d'hiver où il semble que le ciel et la terre se confondent dans une grisaille mélancolique et désespérante. Le soleil paresseux s'était à peine levé, puis, jugeant que son intervention n'était pas utile à grand-chose, il s'apprêtait à se recoucher, sans que personne y prît garde, tant la différence entre le jour et la nuit était peu sensible.

Je voyageais seul, ce qui est toujours ennuyeux par un jour de fête. Pour comble de malheur, arrivé à la station de N… où je devais changer de train, j'appris que la correspondance venait de partir : j'en avais pour deux heures à attendre le train suivant.

Deux heures dans une gare, où il n'y avait rien à voir, rien à faire ! Mettez-vous à ma place, gens heureux qui, en ce beau jour de l'an, mangez des bonbons autour du feu, et pour qui les heures passent, légères et rapides, dans les joies de la famille !

Comme je m'ennuyais ferme dans la salle d'attente des premières, malgré le feu clair qui brillait dans la cheminée et faisait son possible pour me réjouir, le chef de gare entra et vint s'asseoir près de moi. Je le regardai, sa figure était avenante, pleine de bonne humeur. « Étrange chef de gare, » pensai-je.

— Monsieur, me dit-il, le temps vous paraît long sans doute à attendre le train ?

— Long ? c'est-à-dire qu'il est interminable ! Il n'y a qu'à moi, d'ailleurs, que ces choses arrivent : voyager un jour de l'an et manquer le train encore !

— Bah… bah ! vous n'en mourrez pas. Et si vous voulez, puisque nous n'avons rien de mieux à faire, je vais vous raconter une histoire.

— Une histoire vraie ?

— Vraie ! Je vous l'affirme, puisque c'est ici qu'elle s'est passée.

— Allez-y, dis-je joyeusement, tout en félicitant à part moi la Compagnie d'avoir à son service un chef de gare d'une espèce pareille.

II

— C'était, il y a deux ans, au jour de l'an. La Compagnie avait organisé, je ne sais plus pourquoi, un train de plaisir pour Z… Le train était bondé quand il arriva ici. Cependant, nous avions des voyageurs à faire partir par ce train-là, et je donnai l'ordre aux employés de les caser n'importe où ; l'essentiel était qu'ils partissent et qu'il n'y eût pas de retard.

J'allais siffler pour le départ, lorsqu'un homme d'équipe arrive essoufflé :

— Monsieur, il y a un voyageur de première qui est presque fou : il veut absolument vous parler, et je crois que vous ferez bien d'aller y voir.

J'allai vers le compartiment indiqué. Le voyageur en question passait la tête par la portière et me regardait venir, rouge de colère :

— C'est une indignité, me cria-t-il. Je vais me plaindre à la Compagnie !

— Et de quoi donc ? lui demandai-je.

— De quoi ? j'ai payé pour voyager en première avec tous les conforts et les agréments de cette classe ; et vos employés font, par votre ordre, entrer dans mon compartiment quatre misérables gamines qui, sont sales, ont des confitures plein les mains, et vont certainement faire le diable à quatre quand je serai seul avec elles. Je ne souffrirai pas cela, monsieur !

Je regardai les « quatre misérables gamines. » C'étaient des petites filles, dont l'aînée avait dix ans à peine, et la plus jeune deux ou trois. Par quelles circonstances ces enfants étaient-elles là et voyageaient-elles toutes seules ? Je n'eus pas le temps d'approfondir la question ; mais j'ouvris la portière, et prenant la plus petite par la main, je leur dis :

— Allons, mes enfants, venez, ne dérangeons pas ce monsieur plus longtemps. Je vais vous caser ailleurs.

Le vieux monsieur se rassit et nous le laissâmes. J'ouvris la portière d'un compartiment où se trouvaient une jeune femme et son mari.

— Seriez-vous fâchée, madame, demandai-je, si ces enfants voyageaient avec vous ? Je ne sais vraiment où les placer.

— Entrez, mes petites, dit la bonne dame avec empressement. Soyez tranquille, monsieur, nous les ferons descendre à destination, et nous veillerons sur elles.

Je la remerciai et me hâtai de donner mon coup de sifflet.

III

Au cours de ce même hiver, je vis entrer dans mon bureau un voyageur qui m'interpella brusquement :

— Ne me reconnaissez-vous pas, monsieur ? me demanda-t-il.

Je fis appel à tous mes souvenirs ; mais cette physionomie m'était absolument inconnue.

— Excusez-moi, monsieur, répondis-je ; je vois tant de gens ici chaque jour qu'il m'est difficile de me rappeler :

— Mais vous devez avoir gardé souvenir de moi, répéta-t-il avec insistance.

Je continuai à fouiller dans ma pauvre cervelle afin de découvrir lequel de mes bienfaiteurs ou de mes protecteurs je pourrais avoir devant les yeux.

— Hélas ! monsieur, je suis obligé de confesser que je n'ai pas l'honneur de vous reconnaître.

— Quoi ! ne vous rappelez-vous pas ce misérable voyageur de première classe qui vous a injurié parce qu'on lui avait donné quatre petits enfants pour compagnons de route ? Ah ! monsieur, si vous avez oublié, moi, je me souviens ! Comment ai-je pu être si brutal, si absurdement inhumain ? Nuit et jour, la vision de ces petits abandonnés me hante...

En parlant ainsi, mon interlocuteur, que j'avais enfin reconnu, paraissait profondément ému ; sa voix tremblait, ses yeux devenaient brillants.

— Je suis venu, monsieur le chef de gare, pour vous prier de m'aider à réparer ma sottise, ou plutôt ma méchanceté. Avez-vous eu des nouvelles de ces enfants ?

— Non, monsieur, répondis-je. Ils ont dû arriver sains et saufs à leur destination, car autrement je l'aurais su.

— Et savez-vous leur adresse ?

— Non, j'ignore absolument qui ils sont, et je ne me rappelle même pas l'endroit où ils allaient.

— Ah ! s'écria le voyageur, toujours plus ému, trop tard ! C'est toujours comme cela… Monsieur le chef de gare, je vous demande pardon pour ma brutalité de l'autre hiver.

— Oh ! répondis-je, n'en parlons plus, ça va bien.

— Non, non, il faut que j'aie votre pardon. Donnez-moi votre main, là. Je me suis conduit indignement, voyez-vous, et je n'aurai de repos que lorsque j'aurai réparé ma faute. Mais je vois bien qu'il est trop tard !

IV

Juste à ce moment, un homme d'équipe entra dans mon bureau.

— Venez vite, monsieur ! une femme morte dans le train !

Nous nous empressâmes, le voyageur et moi. Dans un compartiment de troisième, une pauvre femme, toute blanche et raide, était étendue sur la banquette. Ses quatre petits enfants l'entouraient en pleurant :

— Maman est morte, maman est morte ! sanglotait l'aînée.

Mon voyageur se précipita dans le compartiment. Il prit le pouls de la mère :

— Grâce à Dieu, elle n'est pas morte, dit-il au bout d'un instant. C'est la fatigue, l'inanition… Emportons-la, monsieur le chef… Venez, mes enfants ! Dieu merci, voici une occasion de réparer ma faute !

Ce disant, il prenait la jeune femme par les épaules, tandis que je lui prenais les pieds… Le fardeau n'était pas lourd… Nous la portâmes dans la salle d'attente des premières, suivis des quatre petits.

— Tenez, vous, dit l'étranger à l'un de mes employés, voilà de l'argent, allez au buffet, apportez du café, du lait, des biscuits, du poulet, du bouillon… de tout… pour ces petits et pour leur mère ! Allez, dépêchez-vous !… Merci, mon Dieu ! répétait-il tout bas de temps en temps. Je puis au moins réparer ma faute.

La pauvre femme ouvrit les yeux :

— Qu'est-ce qui est arrivé ? demanda-t-elle faiblement.

— Ça va bien, ça va bien, madame, ne vous dérangez pas ; dormez tranquille. Vos enfants sont là, tous contents.

En effet, les quatre petits dévoraient les bonnes choses qu'on leur avait apportées du buffet. Le vieux monsieur prit dans sa main maladroite une tasse pleine de lait et voulut l'approcher lui-même des lèvres de la pauvre femme ; il répétait sans cesse tout bas : « Merci, mon Dieu, merci ! »

Bientôt la mère fut réconfortée comme les enfants. Elle n'était pas malade, mais le froid l'avait saisie, et la faim aidant, elle s'était trouvée mal.

Le vieux monsieur, avec beaucoup de délicatesse, lui fit raconter son histoire. Elle était la femme d'un pauvre mineur qui était allé à M… pour chercher du travail. Il en avait trouvé, et il avait envoyé de là-bas un mandat-poste à sa femme pour qu'elle vînt le rejoindre avec les enfants. Le mandat-poste avait juste suffi à payer les dettes criardes et les billets de chemin de fer : il lui était resté quelques sous pour acheter du pain qu'elle avait donné aux enfants avant de partir. Elle n'avait rien pris depuis la veille :

— Mais ce ne sera rien, dit-elle courageusement, je vais rejoindre Louis tout à l'heure, et nous serons heureux, puisque mon Louis a du travail !

Le voyageur ne dissimulait même plus ses larmes.

— Pauvre madame Louis, disait-il. Soyez tranquille, on prendra soin de vous. Je vais télégraphier à votre mari pour lui expliquer votre retard, et dans quelques heures vous l'aurez rejoint. Ayez bon courage, Dieu ne vous abandonnera pas !

C'était au tour de Mme Louis de remercier Dieu.

Enfin l'heure du départ arriva pour elle et ses enfants. Le voyageur la mit dans son compartiment ; il entassa des friandises sur les genoux des quatre petits, et tirant quelques pièces d'or de sa poche il les mit dans la main de la bonne femme.

— Prenez, prenez, madame, vous en aurez besoin, en arrivant là-bas. Un de ces jours, j'irai vous voir.

Et comme la pauvre femme se confondait en remerciements :

— Remerciez Dieu, madame Louis. Moi, je ne suis rien… moins que rien…

Le train partit.

— Pour que mon histoire fût vraiment romanesque, ajouta le chef de gare, il faudrait que les quatre enfants fussent les mêmes dans les deux occasions. Il n'en est rien. Je n'ai jamais entendu parler des autres. Ceux-ci, avec leur mère, n'avaient rien de commun avec les premiers.

— Qu'est-ce que cela fait ? lui répondis-je. Votre histoire est très belle, je vous remercie de me l'avoir racontée. Grâce à vous, mes deux heures d'attente ont passé sans que je m'en aperçoive. Je vais écrire ce récit et je vous l'enverrai. Puisse-t-il produire dans les cœurs égoïstes un changement pareil à celui qui s'est produit chez votre vieux voyageur !

30
Les leçons d'une pièce de monnaie

I

Sur ma table était préparée la somme nécessaire au paiement de mes impôts : un denier, je vous assure, et qu'il m'était pénible de voir partir ainsi sans profit apparent.

J'étais donc dans une disposition d'esprit assez maussade, lorsque, machinalement, je pris une des pièces de cinq francs qui formaient la pile, et la laissai tomber de haut pour en entendre le son.

Le brave et loyal écu tinta comme il devait ; mais dans les vibrations qui se prolongeaient, je crus entendre ces paroles : « Rendez à César ce qui appartient à César. »

— César ! m'écriai-je, comme si la pièce eût vraiment parlé. Comment oses-tu prononcer ce nom-là, toi qui n'es qu'à l'effigie de ce bon Louis-Philippe ? Et, d'ailleurs, ne sais-tu pas que César est mort et que nous sommes en République ?

— C'est bien, répondit l'écu. Jette-moi donc par la fenêtre… Hein, tu ne te presses pas ? C'est qu'apparemment, à tes yeux, j'ai la même valeur que si Louis-Philippe était vivant. Vois-tu, les effigies changent, mais derrière elles il y a quelqu'un qui ne change pas : tête de Napoléon, de Louis ou de femme couronnée d'épis, peu importe : César ne meurt jamais.

— Et qui donc est César ? demandai-je.

— C'est toi, c'est ton voisin, c'est ton cordonnier, c'est ton cocher de fiacre. César, c'est la Patrie, à qui tu dois toujours obéissance, sous quelque image qu'elle se montre à toi. Mais que dis-je ? Voici que la patrie s'élargit aujourd'hui, regarde les autres pièces qui composent ta pile.

Je les examinai, et je vis, en effet, des monnaies à l'effigie du roi d'Italie, d'autres à celles du roi Léopold. L'Helvétie était là, et la Grèce, et l'Espagne...

— Tu vois bien, me dit l'écu Louis-Philippe, chacun porte maintenant les États-Unis d'Europe dans son gousset. Bientôt vous verrez circuler chez vous les monnaies encore inconnues de l'Asie, bientôt les vôtres iront au cœur de l'Afrique acheter l'ivoire et le caoutchouc. Et peu à peu, l'or et l'argent monnayés n'auront qu'un poids et qu'un titre dans tous les pays du monde ; et alors, sous des effigies diverses, il n'y aura plus qu'un César. — Qui sera ? — L'Humanité.

II

Je restai rêveur à ce dernier mot.

Oui, me dis-je, il a raison ! César, c'est tout le monde ; cet écu n'est pas à moi seulement, puisqu'il ne porte ni mon nom ni mon image, et que, si j'avais la folie de les y graver, je n'en saurais plus que faire. Il a fallu, pour que cet argent vînt en ma possession, que d'autres m'aidassent à le gagner. Depuis la mère qui m'a mis au monde jusqu'au patron chez lequel j'ai fait mon apprentissage, chacun est pour quelque chose dans ma fortune, et chacun y a quelque droit. Si je l'enfouissais, je serais donc un voleur… et il y a bien des manières de l'enfouir : tout luxe inutile, toute prodigalité, tout ce qui immobilise l'argent et le rend improductif, est aussi coupable que la sordide avarice d'Harpagon, creusant un trou dans son jardin pour y cacher sa cassette.

« Rendez à César ce qui est à César. » Que de choses dans cette parole, et quel économiste que Jésus-Christ !

Mais cette pièce n'est pas la seule chose au monde que j'appelle mienne et qui ne porte pas mon nom.

Hélas ! rien de ce que je possède n'est à mon effigie ! Ma maison fut construite par d'autres ; j'y retrouve leurs traces, d'autres y trouveront la mienne ; je l'habite en usufruitier. Ma terre, non plus, n'est pas à moi : la terre, source de toutes les richesses, est de tous les biens du monde celui qu'on peut le moins accaparer ; et c'est elle qui nous accapare le plus, puisqu'elle finit par nous engloutir. Tous ceux qui la cultivent n'en sont que les fermiers ; le vrai propriétaire, c'est l'humanité. Si, un jour, pris de folie ou de paresse invincible, tous les laboureurs s'unissaient dans une grève gigantesque et laissaient leurs terres en friche, l'humanité affamée se lèverait bientôt en leur criant : « Donnez-moi du pain ou rendez-moi mes champs ! »

Toutes les révolutions ne sont venues que de cette tendance désastreuse à l'égoïsme, ce désir d'arrêter la circulation des richesses à son profit, cette erreur de se croire seuls propriétaires, quand on n'est que les comptables ou les fermiers d'un maître anonyme. Longtemps inconsciente de son mal, la société en souffre en silence ; mais enfin elle s'agite, elle s'inquiète, elle veut rétablir la circulation du sang… Et les coupables sont les pauvres, aussi bien que les riches.

Tous sont avides, car tous sont égoïstes.

Quand le principe de la propriété individuelle et celui de la fraternité humaine seront également respectés et pratiqués, les hommes auront trouvé la formule de la vraie république… Seulement il est à craindre que ce jour ne luise pas de sitôt. Et ce jour-là, nous verrons une nouvelle effigie sur nos monnaies, si tant est que nous en ayons encore, celle de Jésus-Christ, roi du monde.

III

… « Et à Dieu ce qui est à Dieu. » Qu'avons-nous donc à lui rendre, qui lui appartienne en même temps qu'à nous, comme un denier est à la fois ma propriété et celle de César ?

Qu'est-ce qui, sur la terre, porte l'effigie de Dieu ?

— Nous-mêmes.

Mon argent est à moi, mais il est à un plus grand que moi : César. Ainsi ma vie est à moi, mais elle est à un plus grand que moi : Dieu.

Et de même qu'il n'y a pas de contradiction entre le principe de la propriété individuelle et celui de la solidarité humaine, il n'y a pas de contradiction non plus entre la liberté de l'homme, qui le rend son propre maître, et la souveraineté de Dieu, qui lui donne Dieu pour Seigneur.

L'essentiel pour savoir à qui une chose appartient (c'est Jésus-Christ qui nous l'apprend), c'est de regarder l'effigie.

Dieu nous a donné la sienne deux fois : la première quand il nous créa. L'homme sortit alors pur et brillant de ses mains, comme une pièce d'or de celles du fondeur. Mais l'image était extérieure ; elle avait été frappée à froid ; elle s'usa bientôt, et c'est à peine s'il en reste aujourd'hui une trace…

La seconde fois, ce fut au Calvaire. Là, l'homme fut mis dans la fournaise ; l'image divine fut imprimée à chaud sur son cœur amolli ; elle est devenue une partie de lui-même, et désormais elle est ineffaçable. Plus la chair s'use, plus l'âme chrétienne met au jour l'image de son Sauveur. — Fournaise bénie, où chacun doit passer s'il veut être éternellement marqué à l'effigie de Dieu !

Mais l'argent ne sert à rien s'il n'est dépensé. Ainsi, toute vie qui ne se dépense pas est inutile. Celui qui veut garder sa vie, comme un avare son trésor, n'en jouit pas ; il tremble à chaque instant de la perdre, et la perd en réalité.

L'or et l'argent monnayés roulent sans cesse, se dépensent tous les jours, ne se perdent jamais. Ils ont toujours même titre et même valeur. Aux mains les plus viles ou les plus nobles, ils restent ce qu'ils sont. Ils ne s'allient jamais, quoiqu'ils les frôlent souvent, aux métaux inférieurs. Ainsi, dans ce monde, le chrétien passe, répandant partout la joie, se dépensant et se retrouvant toujours, ne perdant jamais son bon aloi. Il reste partout l'or de Dieu, jeté à pleines mains sur la terre, pour l'enrichir et la sauver.

Enfin, il y a plusieurs manières de dépenser son argent, mais la plus folle est celle-ci :

Derrière une grille, percée d'un trou fort étroit qu'on nomme guichet, se tient un homme qu'on ne voit pas bien, avec un gros registre devant lui. Il prend l'argent, le compte, l'inscrit sur son livre, et vous donne en échange… un morceau de papier.

Et vous partez tout joyeux, la bourse et le cœur plus légers.

Ah! cette folie est un acte de sagesse. C'est la meilleure manière de dépenser son argent que celle-là. Le papier est une promesse, il assure votre avenir. Contre espèces sonnantes, vous avez acheté ce qui est invisible pour le moment, mais en quoi vous croyez : la fortune de vos vieux jours. Il est vrai que vous n'avez rien qu'une signature ; mais cette signature engage l'honneur d'un banquier en qui vous avez foi.

Oui, gens de ce siècle, c'est par la foi que vous vivez, comme nous. En dernier ressort, c'est sur des choses invisibles que repose votre fortune : la promesse, l'honneur d'un homme ou d'une nation. Nous aussi nous avons engagé notre avenir sur la foi de quelqu'un. Seulement, vos banquiers vous trompent souvent ; le nôtre, jamais. Nous lui avons confié notre vie ; il nous en paie les dividendes dès le jour même du dépôt ; il nous la rend sous cette forme. Et que sera-ce quand nous rentrerons en possession du capital ?

C'est ainsi que Jésus a su, dans une seule ligne, établir la plus saisissante des comparaisons entre l'argent, cette chose matérielle par excellence, et l'âme humaine, ce trésor invisible.

Lecteurs, creusez encore, creusez pour vous cette profonde parole ; nous n'en avons pas épuisé toutes les leçons : « Rendez à César ce qui est à César, et à Dieu ce qui est à Dieu. »

31
Rachetée

Lorsque l'esclavage régnait encore aux États-Unis, il se trouvait ici et là des maîtres bienveillants : *La Case de l'Oncle Tom* nous en a fait connaître quelques-uns, à côté d'autres du type opposé.

L'un de ces bons maîtres possédait, parmi ses esclaves, un jeune homme et une jeune fille qui s'aimaient ardemment, et devaient se marier. Le jeune noir avait obtenu de son propriétaire la permission de travailler pour son compte, et de se constituer ainsi un pécule qui lui permettrait bientôt de se racheter, et de racheter sa future compagne.

Mais le maître ayant fait de mauvaises affaires, force lui fut de se défaire de l'un de ses esclaves ; il se décida à vendre la jeune fille. Cette décision fut pour les deux fiancés, un terrible coup. Le jeune homme résolut de se présenter aux enchères avec l'argent qui lui appartenait, et qui se montait à environ cinq mille francs. Il espérait que la jeune fille, qui pour lui valait des royaumes, ne serait pas estimée au-dessus de cette somme-là !

Le jour des enchères venu, le pauvre garçon était là, le cœur battant à tout rompre, et son argent dans sa poche. Curieux état social, où l'on pouvait voir ceci : un esclave achetant un autre esclave de son propre argent !

La jeune fille fut mise à prix : quatre mille francs. Un marchand d'esclaves du Sud, que la beauté de l'Africaine avait frappé, renchérit aussitôt. Le jeune homme couvrit l'enchère.

Le combat dura ainsi quelques instants.

— Neuf cent cinquante dollars! cria le marchand.

— Mille! dit le jeune noir.

Le marchand hésita un moment : mille dollars, c'était un beau chiffre. Mais il ne voulut pas se laisser battre par le « nègre »; d'ailleurs la jeune fille lui plaisait beaucoup.

— Mille cinquante!

Hélas! le pauvre garçon n'avait pas un sou de plus que les mille dollars qu'il avait misés. Le cœur serré, il entendit tomber le marteau fatal : « Adjugé à mille cinquante! »

Mais l'amour donne du génie; il fait des miracles; il inspire les résolutions héroïques.

Le jeune noir courut trouver son maître.

— Massa, lui dit-il, si je vous payais mille dollars, me donneriez-vous mes lettres d'affranchissement?

— Certainement, mon garçon, bien que tu vailles beaucoup plus.

— Eh bien, les voilà!

Le maître avait compris l'intention de son esclave.

— Pauvre enfant, lui dit-il, puisses-tu réussir! Et il lui donna des papiers en règle, avec lesquels le jeune homme se présenta au nouveau propriétaire de sa fiancée.

— Massa, je viens vous proposer un échange. Si vous voulez

donner la liberté à la jeune fille que vous venez d'acheter, je m'offre à prendre sa place.

Le marchand d'esclaves regarda d'un œil connaisseur le solide gaillard qui s'offrait à lui. Si belle que fût la jeune fille, un garçon de cette espèce valait certainement beaucoup plus sur les marchés, où les hommes forts étaient particulièrement appréciés. Il hésita bien un peu, mais l'avarice fut la plus forte :

— Marché conclu, fit-il. Et il fit venir la jeune fille : « Cet homme prend ta place ; tu es libre, » lui dit-il.

Les papiers mis en règle, le jeune homme suivit son nouveau maître vers les lointaines plantations. Mais d'abord, quels adieux déchirants ! Que de larmes à la séparation !

Restée seule et libre, la jeune fille trouva plusieurs occasions de se marier honorablement ; elle aurait pu même trouver de brillants partis, car elle était fort belle. Mais elle refusa toujours. « Je ne m'appartiens pas, disait-elle ; j'ai été achetée par un homme qui est là-bas, et qui reviendra un jour. Je lui garde mon cœur. »

Là finit l'histoire. On voudrait savoir ce qu'il advint des deux jeunes gens. Le noir finit-il par se racheter, ou sa fiancée lui rendit-elle la pareille, et réussit-elle à gagner la somme suffisante pour libérer son ami ? C'est ce que notre récit ne dit pas. Mais combien cette histoire est touchante, et qu'elle éclaire d'un jour douloureux les profondeurs de la misère créée par l'esclavage !

Esclaves, nous aussi, aux mains d'un odieux marchand, nous avons été rachetés par Celui qui, pour l'amour de nous, « étant riche s'est fait pauvre, » étant libre s'est fait esclave : Jésus-Christ.

Nous avons été rachetés à grand prix : « non par des choses corruptibles comme l'argent ou l'or, mais par le précieux sang de Christ, comme de l'agneau sans défaut et sans tache, » dit saint Pierre.

Rachetés, quelle doit être maintenant notre attitude, et quel notre langage ?

« Je ne m'appartiens pas ; je suis, corps, âme et esprit, la propriété de celui qui m'a payé si cher, qui a donné sa vie pour moi. Quand Il reviendra — et Il reviendra sûrement — il faut qu'Il me trouve digne de Lui. »

Seigneur Jésus, viens bientôt !

32
Une tempête dans une bourse

J'avais dans ma bourse, par un hasard assez rare, une douzaine de pièces d'or. (J'espère qu'aucun de mes lecteurs ne va prendre prétexte de cette confidence pour essayer de m'emprunter de l'argent. On peut avoir, à l'occasion, quelques louis dans sa poche sans être un nouveau Crésus).

La plupart de mes pièces étaient, en effet, des louis. Quand je dis « louis, » c'est une manière de parler : il y avait aussi des « Napoléons », un « Louis-Philippe, » et trois ou quatre « Républiques ». Mais, je ne sais pourquoi, on ne dit jamais une « République d'or ». C'est toujours le mot louis qui est employé quand on parle de cette monnaie aristocratique.

Bien qu'elles appartinssent à des régimes différents, mes pièces faisaient assez bon ménage : elles étaient toutes françaises. Il y avait bien, cependant, quelques difficultés : les vieux louis, jaloux de la fraîche beauté de Marianne, affectaient de s'éloigner d'elle ; ils regardaient aussi mes napoléons comme des parvenus, et ne fraternisaient avec eux que tout juste. Mais tout se passait dans un calme relatif, lorsque j'eus le malheur de glisser dans ma bourse, au milieu de tous ces bons Français… un souverain d'Angleterre, une pièce de vingt-cinq francs.

O mes amis ! Quelle réception ! Quel tapage au fond de ma poche !

— A la porte, l'Anglais !

— Vivent les Boers, monsieur !

— Guerre aux tyrans ! jamais, jamais en France, jamais l'Anglais ne régnera !

Le pauvre souverain ne savait où se fourrer. Si du moins j'avais eu la bonne idée de le mettre dans une poche à part, ou même avec les gros sous ! Les gros sous, probablement, l'auraient moins mal reçu, bien que leur éducation ait été déplorablement négligée.

Il y avait, en particulier, une République nouveau modèle, une de ces Républiques tout battant neuves qui ont jeté leur bonnet phrygien par-dessus les moulins ; cette petite République-là était quasiment enragée.

A ce moment j'arrivai à la Banque, où je devais payer une traite. (Là ! Vous voyez bien que ce ne serait pas la peine d'essayer de m'emprunter vingt francs !)

Je tirai de ma bourse mes pièces d'or. Le caissier, homme sévère, les examina une à une.

— Fausse ! me dit-il laconiquement en me montrant ma République 1903, toute neuve et brillante.

— Fausse ! répétèrent en chœur mes louis et mes napoléons en trébuchant sur le comptoir. Qui l'aurait cru ! une pièce si patriote !

— Que pourriez-vous attendre d'une effigie pareille ? dit le plus vieux louis.

— Fausse ! répéta le caissier. Et, prenant un marteau et un ciseau, il me coupa ma pièce en deux.

Quant au souverain anglais, après le tollé qui s'était élevé contre lui, je m'attendais à ce que le caissier me le refusât sans pitié. Mais l'excellent homme me rassura :

— Voyez-vous, monsieur, l'or, c'est toujours de l'or, quelle que soit l'effigie dont il est marqué. Ces louis et ce souverain sont de la même espèce, et, qui sait ? peut-être sont-ils sortis de la même mine, du même linge.

— C'est comme les hommes, répondis-je. On a beau faire des distinctions artificielles, le sang court rouge, dans toutes les veines ; il y a partout et chez tous, cerveau, conscience et cœur… Et un brave homme est le frère des braves gens de tous les pays.

— Il y a du plomb partout, me dit sèchement le caissier.

— Et de l'or partout, répliquai-je.

Table des matières

Notice sur Ruben Saillens — 1

Préface — 3

1. Le pays enchanté — 5

2. Les Droits du Maître — 16

3. Marguerite — 19

4. Les aventures de l'esclave Brotos — 25

5. Le forçat volontaire — 34

6. Premier lit de mort — 45

7. Le ver luisant — 50

8. Le fleuve — 55

9. La Maison de l'esprit — 62

10. Un beau dévouement — 72

11. Fleur d'Hiver — 75

12. Vieux habits, vieux galons !	78
13. Les dormeurs du Louvre	83
14. Une nuit de Christ	87
15. Le plus grand peuple du monde	92
16. Le souffle de Dieu	98
17. Le guéridon de Fontainebleau	101
18. L'oiseau du Paradis	106
19. Les deux ouvriers	110
20. Le triple meurtre de la rue X	114
21. La marque rouge	119
22. Les étrennes de Bobèche	125
23. Histoire de La Motte	138
24. Noël à Paris	146
25. Monsieur Boulloche	164
26. La bombe de Noël	167
27. La mort du Vieil Homme	179
28. Noël dans le Phare	186
29. Histoire du Jour de l'An	191

30. Les leçons d'une pièce de monnaie   **199**

31. Rachetée   **205**

32. Une tempête dans une bourse   **209**